어머니에게

화장실에서 만난 추기경

이재웅 신부

추천의 글

이용훈 마티아 주교

저는 이재웅 다미아노 신부님의 어린 시절을 잘 기억하고 있습니다. 왜냐하면 제가 그의 출신 본당인 안성에서 보좌신부로 있었기 때문입니다. 그래서 신부님의 가족은 물론 옹기를 굽던 그의 마을도 여전히 눈에 선합니다.

한번은 다미아노 신부님이 태어나고 자란 마을, 양협공소에 방문하여 추석 미사를 드린 적이 있습니다. 미사를 마치고 본당으로 돌아왔는데 오토바이 뒤에 묶여 있어야 할 헌금 주머니가 사라지고 없지 뭡니까? 아마 비포장 길을 달려오다 보니 끈이 헐거워져 떨어진 모양이었습니다. 낭패도 이런 낭패가 없었습니다.

당시에는 너무나 마음 졸였던 기억이지만 지금은 한 조각 유쾌한 추억이 되었습니다.

그때 그 코흘리개 아이가 하느님의 일을 하는 사제가 되었으니 세월이 참 많이도 흘렀습니다. 그리고 이번에 새 책을 내게 되었다니 참으로 반가운 마음 그지없습니다.

다미아노 신부님은 작년 가을까지 미국 뉴욕 주의 올버니한인성당의 주임으로 사목하였습니다. 낯설고 말도 안 통하는 곳에서 작은 공동체의 목자로 사는 것은 쉬운 일이 아닙니다. 그리고 무엇보다도 코로나 펜데믹이라는 위기를 잘 넘기고 돌아와서 고마운 마음 가득합니다. 이제는 수원교구에서 맡겨진 소임을 성실하게 수행하니 주님과 성모님께 감사드립니다.

이 책에는 다미아노 신부님이 본당 사목, 사회복음화국과 교포 사목을 하면서 겪은 아기자기한 사건과 사연들이 실려 있습니다. 비록 심오한 신학과 철학을 담고 있지는 않지만 일상에서 만나는 주옥같은 삶의 편린들을 잘 담고 있어 읽는 이들에게 틀림없이 놀라움과 신선한 감동을 선사할 것입니다.

저도 글을 읽으면서 하느님의 섭리로 인한 잔잔한 감동이 샘솟았습니다. 아울러 누구나 선한 뜻을 품으면 반드시 하느님께서 은총으로 싹 틔워주심을 다시금 생각하였습니다.

'하느님의 존재를 증명하기는 어렵지만 하느님의 부재를 증명하는 것은 그보다 훨씬 더 어렵습니다.'

다미아노 신부님의 말입니다. 그러므로 그의 사목 경험을 기록한 이 책이 하느님께는 영광과 기쁨을 드리는 일이요, 믿는 이들에게는 주님께 나아가는 징검다리가 될 것이라고 여깁니다.

아울러 신부님은 '출간은 아이를 낳는 것과 같다'고 말합니다. 그만큼 공과 정성을 들인, 자식같은 이 책이 읽는 이들에게 크게 사랑받기를 바랍니다.

순간순간은 커다란 의미와 가치를 담고 있습니다. 그 짧은 시간들이 이어져 한 인간의 생애가 완성에 이르기 때문입니다. 그러니 보석같이 소중하고 가치 있는 시간을 주님과 이웃을 위한 봉사, 그리고 선행의 방편과 수단으로 삼아야 할 것입니다.

이 책을 읽는 분들이 주님께로부터 받은 선물인 시간과 재능을 적절히 사용하여 하느님께 큰 영광을 드러내기를 기도합니다.

세상 삶에 지치고 신앙 생활의 건조함과 답답함을 느끼는 이들에게 일독一讀을 권하고 싶습니다.

천주교 수원교구장 이 용 훈 마티아 주교

시작하며

우리 동네 거먹다리 밑에는 거지 할아버지가 살았습니다.

감지도 빗지도 않은 장발의 머리, 개집에나 깔아줘야 할 것 같은 옷, 멀리서도 맡을 수 있는 고약한 냄새… 어린 제 눈에는 사람으로 보이지가 않았습니다.

고백하건대 저는 못된 짓을 한 적이 있습니다. 학교 갔다 오는 길에 동냥 깡통을 든 할아버지와 만나면 친구들과 돌을 던지고 도망치곤 했습니다(짱돌은 아닙니다). 그런데도 그 할아버지는 한 번도 화를 낸 적이 없습니다.

하루는 학교에서 돌아와 대문을 열고 큰 소리로 인사했습니다.
"학교 다녀왔습니다."

세상에, 거지 할아버지가 우리 집에 있었습니다. 그것도 마루에서 식사 중이었습니다.

할아버지를 보자마자 도둑이 제 발 저린다고 냅다 도망쳤습니다. 그리고 한참을 떠돌다가 저녁 어스름에야 집으로 돌아왔습니다.

저는 도무지 납득이 가지 않아 불만이 한가득이었습니다.
'어머니는 왜 그러셨을까? 그냥 먹을 것을 깡통에 넣어주시면 될 것을... 왜 밥까지 차려 주셨을까?'
저녁을 먹으면서는 비위가 심하게 상했습니다.
'혹시 이 숟가락을 쓴 건 아닐까? 저 반찬에 손댄 건 아닐까?'

40년이 더 된 일인데 꽃밭을 사이에 두고 할아버지와 눈이 마주쳤던 그 장면이 생생합니다. 굉장히 창피하고 죄송합니다. 어머니는 식사를 대접했는데 아들은 돌을 던지고 도망이나 쳤으니...
나이가 들어서야 그 할아버지의 마음을 헤아리게 되었습니다. 어느 집 양지 바른 마루에서 대접받은 한 상 차림, 얼마나 고마우셨을까? 비록 그 집 아들이 자기에게 돌을 던지긴 했지만 다 용서해주셨겠지요.
아름다운 선행을 물려주신 그 날의 어머니에게 감사드립니다. 저는 썩 괜찮은 신부는 아니지만 그래도 잘한 일이 있다면 그건 어머니의 흔적일 겁니다.

차 례

추천의 글 이용훈 주교 …………………………… 5
시작하며 …………………………………………… 10

다윗의 볼펜 ………………………………………… 17
화장실에서 만난 추기경 ………………………… 21
함 팔러 간 신부 …………………………………… 25
천직이냐, 천벌이냐? ……………………………… 29
네가 하려고 하지 마 ……………………………… 37
장인이 된 신부 …………………………………… 42
내 친구 오웬 ……………………………………… 47
꾸야 레이 …………………………………………… 53

어느 생일	59
실수를 해라	64
요셉의원	70
롤롬보이	74
다시 롤롬보이	80
너 구룽이지?	86
소원	93
여인아…	99
우리의 소원	105
죽으면 영원히 쉽니다	110

꿈이여 생시여 113

라자이 모세성당 118

아바르 아스벤 abar ashben 124

부릉부릉 130

외통수 134

정전과 고양이 139

스나이더 부부 144

페루박 신부 150

모퉁이의 빛 Rincon de Luz 157

적선여경 積善如慶 161

그가 만난 네 사람 166

브래지어 한 신부님	174
천국의 사다리	181
첫눈처럼	186
손님	191
버팔로 리포트	195
사는 이유	203
너나 잘해!	207
판단의 무게	210
조건 있는 행복	213
사람 낚는 미끼	216
끝맺으며	220

다윗의 볼펜

신부가 되니 각종 문서에 서명할 일이 생겼습니다. 특히 중요한 문서에 서명할 때에는 왠지 좋은 펜으로 해야 할 것만 같았습니다.

한번은 M사의 펜을 선물 받았는데 보기에도 정말 멋졌습니다 (우연히 그 가격을 알고는 얼마나 놀랐는지요). 하지만 얼마 후 훨씬 좋은 볼펜이 생겨서 M사의 펜은 새 신랑 요한에게 선물로 줘버렸습니다. 그리고 지금까지 15년째 그 볼펜으로 서명하고 있습니다. 그 좋은 볼펜이 어떻게 손에 들어왔냐면…

전에 있던 성당에 다윗이라는 복사가 있었습니다. 공도 잘 차서 맘에 쏙 들었습니다.

한번은 이 아이가 해외문화탐방을 다녀오더니 선물을 하나 내미는 게 아니겠어요? 투박한 깜장색 볼펜이었습니다. 제 딴에는 멋져 보여서 우리 신부님께 드려야겠다고 생각한 모양입니다.

다윗이 저에게 볼펜을 건네는데 뭔가 대단한 일을 해낸 듯한 뿌듯함이 보였습니다. 그도 그럴 것이 볼펜을 사기 위해 한 끼를 굶었다는 거예요.

세상에… 기특해라.

볼펜의 가격은 만 원이지만 감동의 가치는 1000만 원 그 이상이었습니다. 앞으로 손가락에 힘이 빠져 글씨를 못 쓸 때까지 쓸 겁니다.

지금은 어른이 되었을 텐데, 멋진 청년으로 성장하고 있겠지요?

예수님을 만나려고 사람들이 구름떼처럼 모여들었습니다. 주님께서는 하늘나라의 신비를 알려주셨고 사람들은 그 말씀에 귀를 기울였습니다.

그런데 여기저기서 꼬르륵거리는 소리가 들렸습니다. 주님의 가르침은 사람들의 영혼을 채웠지만 허기진 배는 채우지 못한 모양입니다. 장소가 갈릴래아 호수 인근인지라 그 한적한 곳에 음식을 파는 곳이 있을 리도 없고요.

한편으로는 유대인들이 장거리 여행과 노숙에 이골이 난 유목민이라는 것을 생각하면 수천 명이 모인 군중 가운데 요깃거리가 턱없이 부족했다고 보기는 어렵습니다. 자기 먹기 바빴다고 봐야죠. 있는 사람은 먹고, 없는 사람은 그걸 보며 굶고…

이 상황에 어른들 사이로 한 아이가 예수님께 보리빵 다섯 개와 물고기 두 마리를 가져왔습니다. 보리빵과 말린 물고기는 가난한 사람들의 음식이었답니다. 부자들은 부드러운 밀빵과 양고기를 먹었을 테니까요.

예수님께서는 늘 나눔의 삶을 말씀하셨습니다. 그날도 군중들에게 이웃을 네 몸 같이 대하라고 하셨겠지요.
그런데 오직 그 아이만이 그 말씀대로 나누었습니다.

그리고 그 봉헌이 '기적의 재료'가 되었습니다. 아마 주님께서는 그 아이를 꼬옥 끌어안아주지 않고서는 못 배기셨을 겁니다.
혹시 모르죠, 그 아이 이름도 다윗이었을는지...

어른들은 명분과 실리에 따라 움직입니다. 하지만 아이들은 순수하고 착한 마음으로 움직입니다. 그 마음에 하늘의 진리가 담겨있기 때문이죠. 그래서 주님께서도 어린이처럼 되라고 하신 모양입니다. 달리 천진天眞하고 순진純眞한 어린이겠어요?

다윗의 어린 마음이 들어있는 이 볼펜!
누군가에게 도움이 되는 일에 서명하도록 애쓸 겁니다.

화장실에서 만난 추기경

요 며칠 김수환 추기경님에 대한 책을 읽었습니다. 그 덕인지 새벽녘 꿈에 추기경님이 나타나셨습니다. 그리고 그 반가움에 살아계신 추기경님을 뵈었던 그 날로 단숨에 달려갔습니다.

보좌신부로 있던 성당으로 그분이 오셨습니다. 당시 은퇴를 하셨고 거동조차 불편하셨어도 그분은 '김수환 추기경'이셨습니다. 저는 추기경님을 안내하고 인터뷰하는 역할을 맡았는데 어찌나 설레고 긴장되던지 선잠을 잤습니다.

막상 뵈니 어른은 어른이셨습니다. 그분의 배려로 오히려 안내를 맡은 제가 편했으니 말입니다.

그런데 잊을 수 없는 사건이 발생했고 그 장소는 엉뚱했습니다.

높은 분을 안내하느라 긴장했는지 볼일이 급해서 성당의 공용 화장실로 향했습니다. 저의 집무실에 화장실이 딸려 있으므로 평소에는 사용할 일이 없던 곳입니다. 슬쩍 안을 들여다봤는데 아무도 없길래 스윽 들어갔습니다. 편히 일을 보고 있는데 인기척이 느껴졌습니다. 무심코 옆을 봤는데...
아 글쎄, 추기경님이 아니시겠습니까?

예의를 배울 때, 화장실이나 목욕탕에서 윗분과 마주치면 굳이 인사를 안 해도 실례가 아니라고 했습니다. 저도 겪어봐서 그것이 틀림없는 사실임을 압니다.
언젠가 찜질방에서 복사를 만났는데 이 녀석이 이산가족을 만난 것처럼 "신부님!" 하며 달려들었습니다. 그 아이는 너무나 반가운 나머지 소리쳤겠지만 저는 아주 기겁을 했습니다. 때문에 고 녀석은 미운털이 박혀서 복사를 설 때마다 트집이 잡혔습니다.
그랬던 저였는데 이번에는 제 입이 말썽이었습니다.
"추기경님, 오셨어요?"
그게 어디 민망한 곳에서 할 인사입니까? 하지만 그 덕에 누구나 알고 있는 그 멋진 웃음을 아주 가까이에서 볼 수 있었습니다. 지금 생각해도 웃기긴 합니다.
하하하하, 화장실에서 추기경님과 나란히 일을 보다니...

한 번은 대전에서 신부들끼리 테니스 시합을 한 적이 있습니다. 운동을 마치고는 모두가 사우나를 갔습니다.

저~ 쪽에 쭈그리고 앉아 때를 미는 분이 계셨는데 어디서 낯이 많이 익다 싶었습니다. 설마했는데...

으악, 유흥식 주교님이셨습니다. 우리 주교님은 아니지만 평소에 흠모하던 분인지라 많이 반갑고 많이많이 어색했습니다.

잠시 고민스러웠습니다. '등을 밀어드린다고 할까, 말까?'

할까말까 할 때는 하는 거라고 들었지만 이번만은 하지 않기로 했습니다. 등을 다 밀고나면 그분은 틀림없이 이렇게 말씀하실 것이 뻔했기 때문입니다. '자, 이젠 자네 차례네. 돌아 앉게.'

그럴 수는 없는 일입니다. 절대로...

언젠가 문병 차 여의도성모병원에 갔을 때의 일입니다. 엘리베이터를 탔는데 층층마다 사람들이 내리고 탔습니다. 제가 내릴 차례가 되어 양해를 구하고 문 앞에 섰습니다.

이윽고 문이 열렸는데 눈앞에 두봉 주교님이 짜잔~!

그분을 실물(?)로 뵙는 것이 처음이었습니다. 돈을 떼먹고 도망친 놈을 만나도 그렇게 반갑지는 않을 것입니다.

나도 모르게 '아이구, 주교님' 하며 그분 손을 덥석 잡았습니다. 아랫사람이 먼저 윗사람의 손을 잡는 것도 예의에 어긋난다지만 그런 걸 따질 겨를이 없었습니다. 뇌보다 손이 먼저 움직였으니까요. 횡재도 이런 횡재는 없습니다. 비록 엘리베이터가 열리고 닫히는 그 짧은 시간 동안의 만남이지만 그 날, 저는 계 탔습니다.

저 같이 하찮은 사람은 감히 범접할 수 없는 귀한 분들과의 만남, 게다가 격이 없어서 더욱 잊지 못하는 사연들을 떠올리면 웃음이 납니다.

하느님과도 그렇지 않을까요? 격식을 차려야 하는 어려운 분, 심판하시는 두려운 분, 기도해도 닿을까말까 할 정도로 멀리 계신 분이 분명 아니실 테니까요.

오히려 누군가는 기도란 '방에서 엄마를 찾는 아이의 울음소리'라고 했습니다.

그저 울기만 하면 엄마가 문을 열고 뛰어 들어오시는 거라고...

그냥 울기만 하면 하느님이 오시는 거라고...

그렇게 저에게도 대번에 달려와 주실 거지요?

함 팔러 간 신부

함을 팔러 갔습니다.
전부터 그게 그렇게도 해보고 싶었습니다.
하지만 친구들은 거의 다 신부들인데다 신부가 아닌 친구들은 아직 아무도 장가를 가지 않았습니다.
옳거니, 기회가 왔습니다. 주일학교 동창 스테파노가 결혼하게 되어 성당 친구들이 함 팔러 출동하기로 했답니다.
얼씨구나, 이를 놓칠 수는 없습니다.

각시가 산다는 마을로 가면서 얼마나 재미있을지를 생각하니 웃음이 났습니다. 동네 어귀에서 친구 바오로의 작전 설명을 들었습니다. 그는 미리 답사까지 하고 온 모양입니다.
아참, 저의 신분은 절대로 발설하지 않기로 입을 모았습니다. 공연히 산통 깨지면 안 되니까요.

해는 뉘엿뉘엿 넘어가고 때는 무르익었습니다.

"함 사시오!"

각시네 가족이 대문을 열고 나올 때까지 외치고 또 외쳤습니다. 창문으로 내다보는 동네 사람들의 얼굴에도 웃음이 가득했습니다.

장모님과 처제가 들어오라고 아무리 구슬려도 우리는 그 문으로 쉽게 들어가면 안 되는 거였습니다. 왜냐면 옛날부터 주욱 그렇게 해왔으니까요.

예상대로 너무너무 재밌었습니다.

"신부님도 함 한번 져보시지?"

한 친구가 무심코 한 말입니다.

아이쿠, 그거 비밀인데...

교우댁이라고 해서 그렇게 철통보안한 건데...

"신부님? 신부님이 오셨다고?"

집 안에 있던 친척 어른들까지 줄줄이 골목으로 나오셨습니다. 함 따위는 이미 안중에도 없었습니다.

어서 신부님을 안으로 모시라는 엄명에 저는 볼모로 잡혀 들어갔고 어쩔 수 없이 함진아비와 친구들도 굴비두름처럼 줄줄이 따라 들어왔습니다.

한창 재미가 물오르고 있었는데...

몰래 함 팔러 갔으니 수단이라도 입고 갔겠습니까? 동네 청년이나 다름없는 복장이었죠. 하지만 그 집에서 제일 어른은 저였고 주인공도 저였습니다. 너무도 부끄럽고 부담스러워 서둘러 성당으로 돌아왔습니다.

신부를 친구로 둔, 그 신부가 함까지 팔러 온 사위는 점수를 후하게 땄겠지만 저는 두고두고 아쉬웠습니다.[1] 그리고 속상하게도 친구들은 함 팔 때 다시는 저를 부르지 않았습니다.

결혼 얘기가 나왔으니 말인데, 제가 한 첫 혼인 주례는 잊을 수가 없습니다. 사제 서품을 받았으나 아직 부임지로 떠나기 전이니 꽁지도 안 떨어진 개구리 시절의 일입니다.

언제나 처음은 서툴기 마련이니 실수를 하더라도 여기에서 하라는 고향 신부님의 배려로 갑자기, 정말로 갑자기 혼인 주례를 하게 되었습니다. 혼인 미사 경문을 펴 놓고 혼자서 몇 번을 연습했는지 모릅니다.

혼인 날이 되었습니다. 제의방으로 들어가기 전, 그래도 신랑과 신부의 얼굴이라도 봐야겠다 싶어서 성당 입구로 나갔습니다. 그런데... 신랑이 고등학교 동창이지 뭡니까?

---

1 그날의 신랑 스테파노는 십년 후 안양에서 본당 신자로 다시 만났습니다.

"야 정원아, 너였냐?"[2]

"어…"

눈이 휘둥그레진 친구의 입에서 나오려던 말은 '재웅아, 너였냐?'였을 것입니다.[3] 고등학교 졸업 후 십년 만에 신랑과 신부로 만났으니 얼마나 반갑고도 어색했는지 모릅니다.

난생 처음 해보는 혼인 주례는 어떻게 했는지도 모르게 끝났습니다. 혼인이 처음인 것은 제 친구도 마찬가지였으니 둘 다 덜덜 떨면서 했을 겁니다.

지금에 와서 말인데 어딘가 빼먹었을지도 모릅니다.

설령 그랬다 하더라도 이미 공소시효가 지났겠지요?

---

2 책에 나오는 이름은 가명인 경우가 많습니다.
3 고등학생 때에는 성당에 나오지 않던 친구입니다.

천직이냐, 천벌이냐?[4]

저는 구교우집 후손입니다. 아버지도, 할아버지도, 할아버지의 할아버지도 하느님을 섬기셨습니다.

제가 태어나고 자란 곳은 교우촌인 양협공소입니다. 옹기를 구워온 동네 사람들은 대대로 천주교 신앙을 간직해왔습니다.

우리 마을에서는 일 년에 두 번, 공식적으로 학교에 가지 않아도 되는 날이 있었습니다. 봄, 가을 판공을 하는 공소날이 되면 안성 읍내에서 신부님이 우리 마을로 오토바이를 타고 오셨고 그날은 학교에 결석하고 판공과 미사를 봤습니다.

마을 사람들끼리는 속명이 아니라 본명을 불렀습니다. 저만해도 재웅이 아니라 '다미아노'라고들 하셨습니다. 어쩌다 신자가 아닌 사람이 이사를 오면 난감합니다. 부를 이름이 없으니까요.

---

4 「확실한 암호」에 실린 글입니다.

다들 "베드루, 요왕~" 하는데 본인만 "어이, 김씨" 이렇게 부르면 완전히 외계인인 거죠. 그래서 대부분 세례를 받거나 그렇지 않으면 도로 이사를 가곤 했습니다.

이런 마을의 공소회장인 할아버지는 신앙에 있어서만큼은 어떠한 타협도 없는 외골수이셨습니다. 어린 저는 할아버지가 아침저녁으로 무릎 꿇고 기도하시는 모습을 보면서 할아버지보다 높은 하느님이 계심을 자연스레 알게 되었습니다.

할아버지는 아주 엄하셨지만 저에게는 신기한 도깨비방망이 같았습니다. 썰매를 타는 친구들이 부러워 "할아버지, 썰매~"라고만 하면 다음 날 저는 틀림없이 썰매를 타고 놀 수 있었습니다. "할아버지, 연~" 하면 다음 날 저는 신나게 연을 날렸고요.

주일이 되면 할아버지의 빨강색 쌍기통 오토바이 뒤에 매달려 성당에 갔습니다. 그리고 미사 후에는 버스 터미널 뒤의 중국집 만리향에서 완두콩 대여섯 개를 얹은 짜장면을 먹곤 했습니다. 우와 진짜, 도대체 그 맛은 언제쯤에나 잊혀질까요?

할아버지의 소원은 제가 신부님이 되는 것이었고 당연히 저도 신부님이 되어야 하는 줄로만 알았습니다. 할아버지는 우리 집안에도 신부님이 나게 되었다며 장손인 저를 끔찍이 사랑해주셨습니다. 썰매와 짜장면으로 꼬신 것이 틀림없습니다.

그러나 할아버지는 그리 오래 세상에 머무르지 못하셨습니다. 제가 열다섯 살이 되던 해 할아버지는 그만 폐암에 걸리셨는데 이미 전이가 상당히 진행된 상태여서 손을 쓸 수가 없었습니다.

온 가족이 몇 달 동안 기도했지만 할아버지는 창조주께로 돌아가셨습니다. 그리고 할아버지가 떠나시면서 신부님이 되어야 할 이유도 함께 사그라들었습니다.

이듬해 안법고등학교에 입학했습니다. 첫 시간에 자기소개서를 작성하는데 장래 희망을 적는 난이 있었습니다. 딱히 쓸 것도 없고 별 생각도 없어서 그냥 신부님이라고 썼습니다.

그런데 그날 종례 시간에 담임 선생님이 저를 지명하시더니 바로 교장실로 가라고 하셨습니다. 신입생에게 교무실도 부담스러운데 교장실이라니... 더구나 교장 선생님은 신부님이셨습니다. 어려서부터 신부님은 하늘같은 분이어서 고개를 들기는커녕 그림자도 밟지 말라고 배웠는데...

"네가 이재웅이냐?"
"네."
"장래 희망이 신부님이라고?"
"네."
"기특하구나. 3년 동안 장학금을 줄 테니 열심히 공부하거라."

교장 신부님 앞에서 1학년 신입생은 어떤 대꾸도 할 수 없었습니다. 그렇게 얼떨결에 예비 신학생 모임도 참석하게 되었고, 학교에도 성당에도 뉘집 아들이 신학교에 간다는 소문은 들불처럼 번져버렸습니다.

아... 뭔가 잘못 되어가고 있었습니다.

대학 진학을 앞둔 고3이 되자 몸이 달았습니다. 이렇게 떠밀리듯 신학교에 들어가서는 안 된다는 생각에 학교의 성소 담당 수녀님을 찾아뵙고 예비 신학생을 그만두겠다고 말씀드렸습니다.

그랬더니 수녀님께서는 그동안 기도해주고 도와주신 많은 분들을 위해 시험이라도 치르는 것이 도리라고 하셨습니다. 그리고 만일 붙으면 하느님의 뜻이니 따라야 한다고 덧붙이셨습니다.

'먹은 게 있으면 약해진다'는 말을 저는 너무 일찍 알아버렸습니다. 수녀님의 말씀보다 그동안 받은 3년 장학금이 더 마음에 걸렸으니 말입니다. 하는 수 없이 생각했습니다.

'까짓것 장학금과 신학교 시험을 퉁치지 뭐.'

그렇게 해서 신학교 원서를 내고 학력고사를 보게 되었습니다. 다른 예비 신학생들은 진지했지만 저는 건성으로 시험을 보았습니다. 합격하라고 찰떡과 엿을 선물하는 후배들에게는 미안한 마음마저 들었습니다.

발표 날이 되었습니다. 같이 시험 본 친구들은 발표를 보러 신학교까지 간다는 둥, 심장이 떨린다는 둥 난리였지만 저는 천하태평 늦잠을 잤습니다.

저의 상황을 모르던 부모님은 신학교로 가야 하는 것 아니냐며 성화셨습니다. 당시에는 학교에 합격자 명단이 적힌 대자보를 붙이곤 했거든요. 하지만 저는 학교까지 가서 부모님에게 실망감을 안겨드리고 싶지는 않았습니다. 그 대신 식구들이 모인 가운데 신학교로 불합격 확인 전화를 걸었습니다.

"여보세요, 신학교죠? 합격자 확인을 하고 싶은데요."
"수험번호와 이름을 말씀하세요."
"0000번, 김윤중이요."
"잠시 기다리세요. 학사님, 축하드립니다."
"붙었어요? 감사합니다. 윤중이는 제가 아니라 제 친구거든요. 그런데 혹시 이재웅은 어떻게 되었나요?"
"본인이세요?"
"네."
(괜찮아요, 떨어졌다고 어서 말해주세요.)
"환영합니다. 학사님."

세상에 이렇게 당황스러운 합격소식이 또 있을까요?

정말이지 신학교와 하느님으로부터 멀리멀리 도망치고 싶었습니다. 하지만 하느님이 두려워서 도무지 어쩔 수가 없었습니다. 만일 신학교에 들어가지 않는다면 틀림없이 무슨 일이 생길 것만 같았거든요. 하느님께 벌을 받으면 천벌이 아니겠어요?

밀렵꾼의 덫에 걸린 한 마리 야생 노루가 바로 저였습니다.

결국 신학교에 입학을 하기는 했지만 억지로 한 결혼 생활처럼 끔찍하게 괴로웠습니다. 선배님들로부터 지적과 경고가 누적됐습니다. 그럴수록 독은 바싹 올랐고 몸은 바짝 말라갔습니다.

"인생은 활짝 핀 장미 꽃 한 송이처럼 사는 거야."

너무도 힘에 부쳐하는 저에게 담임 신부님께서 해주신 말씀입니다. 막힌 가슴이 뻥 뚫리는 것만 같았습니다. 그 날 이후로 감옥이나 다름없던 신학교 생활이 조금은 다르게 보였습니다. 그렇다고 사제직이 매력적으로 느껴지거나 나를 이곳으로 끌고 온 하느님이 좋아질 정도는 아니었습니다.

확실한 결정을 내리지 못한 채 방황하던 저는 2학년을 마치고 휴학과 입대를 선택했습니다.

자유로이 그리고 후회 없는 결정을 하겠노라 굳게 다짐하고 논산훈련소에 들어간 것이 1991년 10월 17일입니다.

졸병 생활은 그리 호락호락하지 않았습니다. 이등병과 일병 때에는 정말 정신이 없었습니다. 상병이 되어서야 개나리꽃이 노랗다는 것이 눈에 들어왔고 그제서야 진로에 대한 고민이 본격적으로 시작되었습니다.

'신학교에 붙은 것을 보면 하느님의 뜻은 확실한데…
여전히 사제직은 매력적이지 않고…
만일 거역하면 인생이 심하게 꼬일 것만 같고…
그렇다고 다시 신학교에 들어가서 살 자신은 없고…
하지만 원하지 않는 삶을 살아서는 안 되고…
그러나 도저히 그만둘 용기는 없고…
아, 천직天職이냐 천벌天罰이냐?'

그렇게 안 간다는 국방부 시계가 병장이 되자 미친 듯이 돌아갔습니다. 제대 전까지는 무조건 결정해야만 하니 하루하루가 초조했고 매일같이 두통을 달고 살았습니다.

드디어 용기를 내어 결심을 했습니다. 신학교에 다시는 돌아가지 않기로 말입니다. 집에도 복학하지 않겠다고 편지를 드렸습니다.

"재웅아, 난 네가 신부가 되어도 좋고 장가를 가도 좋다. 어느 하나 확실히 결정만 해다오. 내가 다 밀어주마."

산에서 홀로 초소 근무를 서고 있을 때 들려온 소리였습니다. 둘러봤지만 주위에는 아무도 없었습니다. 하지만 마음의 정중앙을 화살처럼 꿰뚫고 지나간 그 음성이 어디에서 왔는지는 직감적으로 알 수 있었습니다.

당시 저는 하느님을 거역하면 받게 될 천벌이 두려웠지만 '나의 길을 가리라'고 다짐한 상태였습니다. 그런데 무얼 해도 좋다고?

고민은 그리 길지 않았습니다. 여전히 사제직은 내키지 않으나 나를 부르시는 분께서 '자유로운 선택'과 '전폭적인 지원'이라는 두 카드를 내미시니 순명해야겠다는 생각이 들었습니다.

마음을 고쳐먹고 제대를 하자마자 신학교로 향했습니다.

복학은 입학과는 사뭇 달랐습니다. 이번에는 제발로 들어갔으니까요. 아니나 다를까 다시 들어간 신학교는 '약속의 땅'이었습니다. 어디서 그런 샘솟는 의욕이 생기는지 저도 알 수가 없었습니다. 성당에는 맨 처음, 강의실에서는 맨 앞에, 운동장에서는 맨 먼저 달렸습니다. 신기할 정도로 모든 것이 다 잘 되었습니다.

그리고 5년이 지난 1999년 1월 15일, 사제로 서품되었고 지금은 스물네 살의 젊은 신부로 살고 있습니다.

지금도 힘든 일과 맞닥뜨릴 때면 성당으로 가서 여쭙곤 합니다.

"그 때 그 '다 밀어주마!' 하신 약속, 여전히 유효한 거지요?"

네가 하려고 하지 마

두 번째 본당신부의 임기를 막 시작할 때였습니다. 성당에 들어가서 하느님께 약조를 드렸습니다.

"하느님, 평일 미사 때 이 성당의 아래층만큼은 신자들로 꽉 차도록 해보겠습니다."

평소 평일 미사의 중요함을 인식해온 젊은 신부의 호기였죠. 쉬운 일이 아니기에 하느님께서도 기뻐하실 거라고, 내심 잘했다고 생각했습니다. 그런데 아무도 없는 그 성당 안에서 너무나 선명한 여섯 음절의 말씀이 다시금 제 안으로 들어왔습니다.

"성가대석까지"

좋았을까요? 천만에요, 후회막심이었습니다. 평일에 성당의 아래층이 신자로 꽉 차는 것만 해도 대단히 어려운 일인데 성가대석까지라니. 주일 교중 미사에도 성가대석까지 차지는 않았거든요.

난감했습니다. 하지만 하느님의 하명이니 죽는 시늉이라도 해야 했습니다. 하여간 이놈의 주둥이가 말썽입니다.

주일 미사면 몰라도 평일 미사는 의무가 아니기에 눈길과 발길을 끌려면 보통의 노력으로는 안 될 것 같았습니다. 그래서 결정한 것이 하루 세 대의 미사였습니다. 그물도 하루에 한 번 치는 것보다 세 번 치는 게 사람을 많이 잡을 것 아닙니까? 새벽에도 오전에도 저녁에도 그물을 던졌습니다.

당시 신자가 오천 명이지만 보좌 신부님도 수녀님도 없었으니 제정신이면 절대 하지 않았을 일입니다. 이게 다 '성가대석까지' 때문입니다. 다행히 그나마 가진 게 건강이라도 있어서 새벽부터 밤까지, 월요일도 반납해가며 온 힘을 쏟았습니다.

하지만... 늘 그렇듯 현실은 녹록지 않았습니다.

저 같으면, 본당 신부가 이렇게까지 열심이면 불쌍해서라도 평일 미사에 한 번쯤은 나와주련만 오는 사람은 늘 그 사람이 그 사람이었습니다. 언감생심 성가대석은커녕 아래층의 숭숭 빈자리도 채워질 기미가 보이지 않았습니다.

미사 참례 인원이 사목의 성적은 아니지만 슬슬 실망과 좌절 깊은 스트레스 속에 허우적대기 시작했습니다.

의욕도 기력도 바닥이 난 채로 고해소에 앉아 있던 어느 날입니다. 또각또각 하이힐 소리가 들렸습니다. 백화점이라면 멋들어질 소리겠지만 성당에서는 너무나 귀에 거슬리는 그 소리를 들으며 생각했습니다.

'저 뒷굽이 확 뿌러졌으면 좋겠다.'

불경스럽게도 용서받는 고해소 안에서 말이죠. 당시 저는 마치 끊어질락말락 당겨놓은 고무줄처럼 스트레스가 심했습니다.

바로 그때였습니다.

"네가 하려고 하지 마!"

그 순간 마치 용한 침을 맞은 듯 콱 막혔던 것이 확 풀렸습니다. 너무나도 후련하고 가벼웠습니다. 그 날 이후 마음이 놓여 이를 악물거나 죽을 힘을 다하지도 않았습니다. '네가 하려고 하지 마'라고 하셨으니 이거이거 거저먹기 아닙니까?

실제로도 그날 이후 성당이 사람들로 채워져 가는데…

이를 어떻게 설명할 수 있을까요?

하루는 평일 오전 미사에 성가대석으로 사람이 올라갔습니다. 제단에서 2층의 두 사람을 보았을 때 얼마나 신기했는지 모릅니다. 왜 올라갔겠어요? 아래층에 빈자리가 없었던 거죠.

'이게 되네?'

새벽 미사에 아이들과 아빠들이 나오기 시작했습니다. 불이 제대로 번지기 시작한 거죠. 월요일이면 그집 엄마들은 꼭두새벽에 성당에 와서 밥을 했습니다. 당연히 저도 같이 먹었고요.

아이들과 아빠들은 새벽 미사 후 밥을 먹고 주간 첫 등교와 첫 출근을 했습니다. 그리고 엄마들은 다시 오전 미사에 나왔습니다.

지금 생각해도 웃음만 나옵니다.

주일은 어땠을까요? '5분의 기적'이라고, 신부들이 하는 말이 있습니다. 미사 전에 고해소에서 제의방으로 가면서 보면 성당에 빈자리가 수두룩합니다. 그러나 제의를 입고 입당하다 보면 빈자리가 없습니다. 그 5분 사이에 말이죠.

그러나 우리 성당은 교중 미사 같은 경우 20분 전에 오면 이미 아래층에는 앉을 자리가 없었고, 10분 전에 오면 소성당으로 내려가야 했습니다. 매 주일이 대목장날이어서 '사람이 많아야 무당굿할 맛 난다'는 말이 실감 났습니다.

그러다가 신자들이 성가대석에서조차 서서 미사를 보는 기이한 광경을 목격하게 되었습니다.

주일이 아니라 평일에 말이죠.

신자들로 가득 찬 성가대석을 보는 순간 '네가 하려고 하지 마'라고 하신 말씀이 불에 덴 것처럼 영혼에 새겨졌습니다. 그리고 생각했습니다. '아... 하느님께서 이걸 알려주시기 위해 '성가대석까지'라고 그러셨구나.'

이 일로 인해 저는 하느님의 존재를 증명하기는 어렵지만 하느님의 부재를 증명하는 것은 그보다 훨씬 더 어렵다는 것을 분명히 알게 되었습니다.

'네가 하려고 하지 마'는 저에게만 해당하지 않을 것입니다. 우리 모두에게 건네는, 당신께서 개입하시겠다는 하느님의 의지입니다. 그래서 우리에게 하느님은 '믿는 구석'입니다.

그 믿음과 의탁으로 낙천의 삶을 살아가기를 희망합니다.

장인이 된 신부

우리나라에 일하러 온 필리핀 사람인 제랄딘을 처음 만난 곳은 산부인과 병원이었습니다. 타국에서 첫아이를 낳은 미혼모의 심리적으로, 경제적으로 불안한 처지를 보고만 있을 수가 없어 작은 도움을 주었습니다.

그 후 일 년이 지나 그녀가 광주성당에서 혼인을 하게 되었습니다. 저도 당연히 초대받았죠. 하지만 안타깝게도 필리핀에서는 아무도, 부모님조차도 올 수가 없었습니다. 비행기 값도 값이거니와 비자 발급이 만만치 않았기 때문입니다.

제랄딘은 평생에 한 번인 결혼식에 자기를 데리고 들어갈 아버지 역할로 하필이면 저를 지목했습니다. 당황한 나머지 한발 물러서며 손사래를 쳤습니다.

하지만 '신부님이 아버지 아니냐?'며 눈물로 부탁하는데 마땅

한 핑계거리가 보이지 않았습니다.[5]

그렇게 해서 집전하는 신부와 결혼하는 신부가 함께 입장하는 일이 벌어졌습니다. 사람들은 이 흔치 않은 광경에 좋아라 박수를 쳤습니다.

저는 어디서 본 건 많아가지고(진짜 많이 봤지요) 제단으로 오르기 전, 신부의 손을 신랑에게 건넸습니다. 제가 낳은 친딸은 아니지만 인연으로는 제 딸이니까요. 가슴이 두근거렸습니다.

제랄딘과 줄리오 부부는 열심히 일해서 고향 바닷가에 집을 짓겠다고 했습니다. 신부님의 방도 꼭 마련해 놓을 테니 반드시 와서 자야 한다며 귀엽게 협박도 했습니다.

말이라도 얼마나 고맙고 기특하던지요...

가끔 그날의 제랄딘을 기억합니다. 옛 어머니들은 아기를 낳으러 산방에 오를 때 댓돌에 신발을 벗어 놓으면서 '내가 다시 신을 수 있을까?'라고 생각했답니다.

아기를 처음 낳는 제랄딘도 얼마나 두려웠을까요? 병원에서 처음 제랄딘을 보았을 때의 불안한 눈빛을 기억합니다. 그 때문에

---

5 필리핀에서는 아버지나 신부님이나 똑같이 'Father'라고 부릅니다.

그녀가 도와달라는 말을 하지 않았어도, 제가 신부가 아니어도 무엇을 해야만 하는지 본능적으로 알 수 있었습니다.

성모님, 성모님도 그렇게 예수님을 낳으셨지요?

저는 2016년부터 5년 동안 미국에서 교포 사목을 했습니다.

영어의 벽은 히말라야보다 높았습니다. 긴 시간을 살았지만 제가 제일 많이 쓴 말은 '나는 영어 못 해요 I am not good at English'와 '좀 도와주시겠어요? Please help me'였습니다.

그리고 오죽하면 미국에 있는 동안 목표가 '병에 안 걸리는 것'과 '경찰한테 안 걸리는 것'이었겠어요? 이 역시도 순전히 영어 때문입니다.

문화와 언어가 낯설다 보니 는 것은 눈치밖에 없습니다. 그리고 성당에서나 성직자 신분이지 성당만 벗어나면 영락없는 외국인 노동자 신세였습니다.

물론 어리바리한 저를 친절히 도와준 미국인들도 많았습니다. 그러나 아시아 사람에게 보내는 무시와 경멸의 눈초리는 인종차별의 쓴 맛을 제대로 알게 해주었습니다.

그걸 당할 때마다 스스로에게 말하곤 했습니다.

'한국에 돌아가면 외국인 친구들에게 잘하자.'

미국에서 한국이 그리울 때면 가끔씩 보던 TV 프로그램이 있었습니다. 멀리 본국에서 아내와 아이들이 한국에서 일하고 있는 아빠를 몰래 찾아오는 내용입니다. 갑작스레 아들딸과 아내를 만난 남자들은 펑펑 울었습니다. 저도 따라 울었습니다.

고향과 가족에 대한 그리움에 서러움이 더해져 눈물로 쏟아졌을 겁니다. 노동자이지 노예가 아니거늘 함부로 반말하고 무시하는 한국인들이 왜 없었겠어요?

누구나 스스로 넉넉하지 않다고 생각합니다. 그러나 대부분은 '조금 더'를 채우지 못한 경우가 많습니다.

욕심은 버리는 것이 아니라 나눔으로 비우는 것이라 여깁니다. 아울러 누군가의 손길을 기다리는 사람들에게 눈길을 주어야 함을 잊지 않으렵니다.

우리 곁의 이방인 친구들에게도…

내 친구 오웬

오웬 씨는 필리핀의 치과의사입니다. 부인도 치과의사이니 병원을 개업하면 남부럽지 않게 누리며 살 수 있습니다. 하지만 병원 원장이 아니라 교장 선생님입니다. 그리고 오웬 씨네 학교는 뭔가 다릅니다. 아니 확실히 다릅니다.

필리핀 원주민이라고 하면 생소하지요? 작고 검고 곱슬머리인 사람들이 일만 년 전부터 필리핀에서 살아왔습니다. 지금은 소수만이 산속에서 살고 있는데 이들을 '아에따AETA 부족'이라고 부릅니다.

하지만 이들은 생김새가 다른데다 가난하고 순박해서 무시당하고 이용당합니다. 아에따 아이들도 학교에 가려고 하지 않습니다. 친구들에게, 그리고 선생님에게마저 노골적으로 놀림당하기 일쑤니까요. 그런 이유로 대부분의 학교에서는 이 아이들을 받지 않습니다.

그러나 오웬 씨네 학교는 다릅니다. 다섯 명 중 한 명은 원주민 아에따 학생이니까요.

어떤 학부형들은 교장인 오웬 씨에게 전학 가는 학생들이 많아질 것이라며 원주민을 학생으로 받지 말라고 대놓고 말하기도 했습니다. 그러자 그는 얼마든지 전학을 가도 좋다며 원주민 아이들을 품었습니다. 그 결과, 지금 그의 학교에서는 차별 없이 모두가 친구입니다. 필리핀 최초의 원주민 선생님이 가르치기도 하고요.

그뿐만이 아닙니다. 학비를 내지 못하는 제자가 있으면 오웬 씨 부부가 병원 아르바이트를 해서라도 장학금을 마련해왔습니다. 그리고 제가 필리핀에서 의료봉사를 열 때면, 어김없이 먼 길을 달려오는 고마운 이가 바로 오웬 씨 부부였습니다.

한번은 그 신세를 갚고자 부부를 한국으로 초대한 적이 있습니다. 하지만 당연히 쉽게 될 줄 알았던 비자 승인이 떨어지지 않았습니다. 비행기 표까지 다 마련해놨는데 말입니다.

아쉽고 속상한 마음에 왜 비자가 거절되었는지를 알아보았습니다. 그런데 그 이유가, 얼마 안 되는 통장 잔고와 겨우 20만 원인 그의 월급 때문입니다. 객관적으로는 불법 체류의 가능성이 충분했습니다. 착한 그에게 천국 비자는 문제없겠지만 한국 비자는 거부되어 정말 미안했습니다.

하지만 정작 오웬 씨는 태연했습니다. '고등학교 과정을 신설하고 교실 신축을 준비하느라 엄청 바쁘다'며 오히려 저를 위로해주었습니다.

참 좋은 친구입니다.

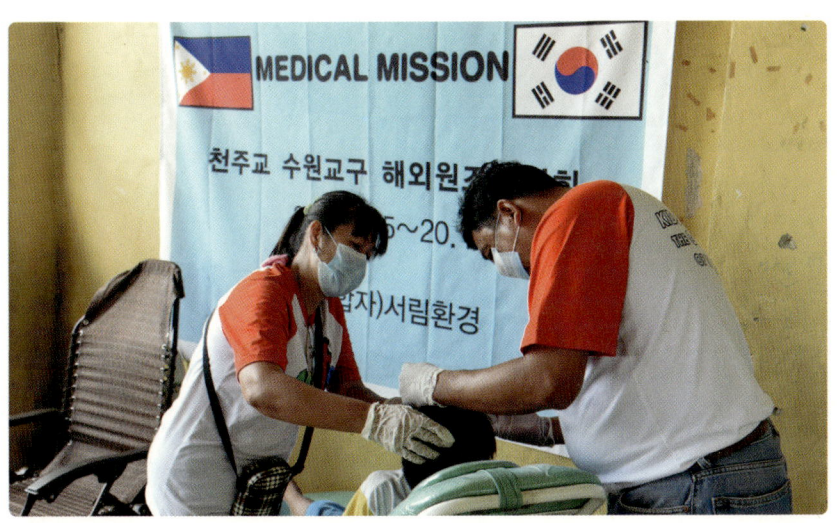

시간이 지나 다시 필리핀으로 의료봉사를 갔습니다. 이번에도 어김없이 오웬 씨는 봉사 현장으로 왔습니다.

그런데 이게 웬일인가요, 그의 얼굴이 어두웠습니다. 자세히 보니 살도 많이 빠졌습니다. 긍정적이고 낙천적인 사람인데 뭔가 심각한 문제가 생겼나 봅니다.

사연을 들어보니 한창 학교 증축공사를 하는 중인데 건축업자가 돈을 챙겨 잠적했다고 했습니다. 공사가 완료되지 않았는데 왜 공사비를 다 주었냐고 물으니 건축업자가 같은 본당의 잘 아는 신자랍니다. 그자는 처음부터 작정을 하고 공사를 맡은 모양입니다.

아니, 사기를 칠 사람이 따로 있지. 선생님에게 못된 짓을 하다니... 그것도 착한 오웬 씨에게...

화가 치밀어 올랐습니다.

한데 당사자인 오웬 씨는 그 건축업자에게 전화도 못 하고 있었습니다. 자꾸 독촉하면 그가 자살이라도 할까봐 걱정된다는 겁니다. 한술 더 떠서 부인은 그에게 그럴만한 사정이 있을 것이라며 인정사정 다 봐주었습니다.

나 원 참! 그 남편에 그 부인이었습니다.

오웬 씨는 이 상황을 해결할 방법이 없었습니다. 제가 이미 그의 재정 상황을 다 알고 있으니까요. 그리고 건축업자를 찾아낸다

해도 현지의 사정으로는 돈을 돌려받는 것이 사실상 불가능했습니다. 엎친 데 덮친 격으로 기간 내에 공사를 마무리하지 않으면 학교 증설 인가마저 취소될 상황입니다.

오웬 씨의 얼굴이 반쪽이 될 만했습니다.

하지만 저에게는 하늘이 내려주신 기회였습니다. 돈일랑 걱정 말고 공사를 계속 진행하라고 했습니다. 그동안 제가 오웬 씨에게 진 사랑빚이 막대했기 때문입니다.

가난한 지역에서의 무료 진료는 정말 필요합니다. 그러나 외국에서의 단기간 의료봉사는 위험 요소가 즐비합니다.

제대로 통역이 이루어지지 않으면 오진의 가능성이 생깁니다. 치아를 뺀 후 지혈이 안 될 수도 있고 환자가 공짜로 받은 약을 팔거나 오남용할 수도 있습니다. 입원이 필요한 환자도 당연히 찾아옵니다.

그래서 현지 의사의 협조가 반드시 필요한데 그동안 오웬 씨 덕분에 마음 놓고 의료봉사를 할 수 있었습니다. 그러니 이번에는 제가 나설 차례입니다.

이듬해, 의료봉사를 마치고 오웬 씨와 함께 그의 학교에 놀러 갔습니다. 하하하하, 단층이었던 건물이 삼층으로 올라가는 중입니다. 언제든 와서 자고 가랍니다. 신나고 기뻤습니다.

죽었다 다시 살아나는 것만이 부활은 아니리라 여깁니다.

이 생을 살아가면서 남을 부활시켜주고 그 재미와 보람으로 들떠 산다면 그 또한 부활이고 천국의 삶이 아닐런지요.

오웬 씨네 학교에서

꾸야 레이[6]

필리핀 산골에서 사목하고 있는 윤 요한 신부님에게서 도와달라는 연락이 왔습니다.

성당 일을 하던 목수 레이 아저씨가 머리를 부딪쳤는데 뇌출혈이 생겨 급히 수술을 준비하고 있다고 했습니다.

저는 걱정 대신 오직 하느님만 믿자고 했습니다.

윤 신부님이 살고 있는 바타안 주州에는 뇌수술을 할 수 있는 신경외과 의사가 두 명밖에 없었습니다. 더군다나 뇌수술 장비가 있는 병원은 한 군데 뿐입니다. 그리고 수술을 한다 해도 그 비용이 3만 불(3600만 원)이나 듭니다.[7]

수술비를 들은 레이 아저씨는 그냥 집으로 가겠다고 했습니다. 하루 벌어 하루 먹고 사는 처지에, 그리고 식구까지 딸려있는 가장의 처지에 그 돈은 도무지 감당할 수 없는 액수이니까요.

---

6 꾸야 레이는 '레이 아저씨'라는 필리핀 말입니다.
7 환율은 당시 기준입니다.

3만 불, 한국에서도 작은 돈은 아니죠.
그러나 생명을 살리기에는 결코 큰 돈이 아닙니다.

윤 신부님은 레이 아저씨의 말을 무시한 채 부랴부랴 병원을 먼저 잡았습니다. 그리고 수술할 의사는 다른 주에서 섭외하고 부족한 장비는 다른 병원에서 빌려온 다음 수술을 감행했습니다.
얼마나 억지를 부리며 일을 벌였을지 상상이 갔습니다. 돈 한 푼 없이 밀어붙인, 윤 신부님이니까 가능한 일입니다. 신부님의 말로는 수술이 끝나는 시간까지 하느님께 의지할 수밖에 없는 일들이 이어졌다고 했습니다.

수술은 성공리에 끝났습니다.
레이 아저씨는 죽음에서 돌아왔습니다.
수술비도 마련되었습니다.

이듬해 설 연휴 동안 윤 신부님이 살고 있는 필리핀의 산골 원주민 마을로 의료봉사를 떠났습니다. 한국 의사들과 현지 의사들 다국적 봉사자들이 힘과 정성을 모았습니다.
병원은 엄두도 못 내던 가난한 사람들에게도, 그리고 선행하기를 기다려온 사람들에게도 꿈같은 일이었습니다.

사람들로 북적이는 봉사현장에서 유독 밝은 인상의 아저씨가 눈에 띄었습니다. 저는 여러 번 들락날락거려서 그 마을 사람들을 다 아는데 처음 보는 얼굴이었습니다. 당연히 현지 의사와 동행한 봉사자인 줄로만 알았습니다.

그날 일정을 마치고 저녁을 먹는데 옆 테이블에 그 아저씨가 함께 봉사한 딸과 다정히 앉아 있었습니다. 활짝 피는 것이 어디 꽃뿐이겠습니까? 그 부녀의 행복한 모습이 참 부러웠습니다.

"윤 신부님, 저 인상 좋은 아저씨가 누구시죠?"
"저 양반이 레이 아저씨에요. 아~ 신부님은 처음 보셨겠네요."

웃음이 났습니다. 사정과 상황은 너무나 잘 알지만 실제로는 한 번도 만난 적이 없거든요. 슬쩍 그의 옆에 가서 앉았습니다. 그제야 머리에 난 수술 자국이 보였습니다.

맨 왼쪽이 레이 아저씨

윤 신부님이 저를 소개하자 레이 아저씨는 며칠 후 1월 8일이면 새 생명을 얻은 지 1년 째 되는 날이라며, 고맙다고 했습니다. 기분이 몹시 좋아졌습니다.

이번에도 어김없이 의료봉사의 모든 일정이 무사히 끝났습니다. 수고를 해준 교민 수산나 씨 집에서 감사 미사를 드리기로 했습니다. 하느님께서 계획하고 개입하지 않으시면 의미도 보람도 없으니까요.

미사를 앞두고 의료봉사에 참여한 이들이 행복으로 들떠 감동을 나누었습니다. 다들 한 입으로 말했습니다.

"이거이거, 마약 같은 일입니다."

미사를 시작하려고 제의를 입는데 윤 신부님의 휴대폰이 띵동 울렸습니다. 그런데 문자를 확인하는 신부님의 얼굴이 금세 굳어졌습니다.

"다미아노 신부님, 어쩌죠? 방금 레이 아저씨가 돌아가셨대요."

감사 미사는 사망 미사로 바뀌었습니다.

윤 신부님은 레이 아저씨와 함께 할 계획이 많았다며 망연자실했습니다. 아무리 사람이 병이 아니라 명으로 죽는다지만 도무지 믿겨지지 않았습니다.

무거운 마음으로 한국으로 돌아왔습니다. 레이 아저씨는 새 생명을 얻고 딱 1년을 더 살고 떠났습니다. 덤으로 주어진 생명이니 무슨 여한이 있겠습니까? 하지만 그의 아내와 아직 학교에 다니는 두 딸의 미래를 생각하니 아저씨가 눈을 감지 못할 것만 같았습니다.

레이 아저씨의 장례 전날 저녁에 어떤 분이 저를 찾아오셨습니다. 그분은 본인 소개도 없이, 별 얘기도 없이 그저 좋은 곳에 써 달라며 봉투를 놓고는 가셨습니다.

그 안에는... 두 딸의 학비는 물론 가족의 몇 년 치 생활비를 해결할 수 있는 돈이 들어 있었습니다.

봉투를 손에 든 채 얼마나 울었는지 모릅니다.

'아저씨가 내일 편히 갈 수 있겠구나!'
그 일을 생각하면 지금도 눈물이 흐릅니다.

과연 생명은 온전히 하느님께 달려있어 언제 그 명을 거두어 가실지 사람은 알지 못합니다. 성녀 데레사도 '인생은 낯선 여인숙에서의 하룻밤일 뿐'이라고 하셨습니다.
그러니 이 세상의 것에 덜 마음 뺏기고 하느님의 뜻을 찾아 살려고 노력하렵니다.

어느 생일

　필리핀으로 의료봉사를 가면 여러 사람으로부터 고마운 도움을 받습니다.
　통역과 음식 장만을 담당해준 현지 교민 가족도 있고, 오웬 씨같이 한 걸음에 달려오는 의사도 있습니다. 뿐만 아니라 원활한 이동을 위해 차량을 내준 사람이 있는가 하면 비행기를 공짜로 태워준 항공사도 있습니다.
　그리고 하루 온종일 고된 진료에 진이 빠진 의사들이 편히 쉴 수 있는 호텔을 제공한 필리핀 사람도 있습니다.

　우리 봉사단이 머문 호텔은 피정센터였던 곳을 매입하여 리모델링한 곳입니다. 성상이나 성화들이 그대로 남아 있어서 신부인 저로서는 익숙한 잠자리였습니다. 도우러 가지만 도움을 받아야만 하니 사람은 서로를 의지하며 살기 마련인가 봅니다.

하루는 그 호텔 사장님이 제게 뭔가 부탁이 있다고 했습니다. 제 입장에서야 공짜로 밥 먹고 잠을 자는데 무슨 부탁인들 못 들어주겠습니까?

청인즉슨 내일이 자기 생일인데 귀빠진 날을 핑계로 모든 직원들을 초대해서 함께 저녁을 먹고 싶답니다. 이쯤이면 직원이 아니라 식구인거죠. 당연히 오케이지요.

그런데 진짜 부탁은 잔치가 아니라 미사를 드려달라는 것이었습니다. 직원이 몇 명이나 되냐고 물으니 자기 소유의 또 다른 호텔과 백화점에서 백 명쯤 온답니다.

생각보다 사업의 규모가 컸고 신앙의 그릇도 컸습니다.

이튿날 의료봉사를 마치고 호텔로 돌아와서 직원들과 미사를 드렸습니다. 그러고는 푸짐하게 차린 음식과 흥겨운 음악을 맘껏 즐겼습니다.

성 요셉 호텔

필리핀 봉사자 회의

한창 흥이 올랐을 때 갑자기 직원 한 명이 단상에 올라 마이크를 잡았습니다. 당연히 노래를 부르는 줄로만 알았는데, 그게 아니었습니다. 그 나라 말로 뭐라뭐라 하다가 급기야는 스스로 감정에 북받쳐 우는 게 아니겠습니까?

잔치였던 분위기는 금방 숙연해졌습니다.

이게 뭔 일인가 싶어 통역을 부탁했더니 저 직원이 너무나 어려웠을 때 사장님이 사정을 알고 몰래 도와주었다는 겁니다.

그 순간 또 다른 직원이 나도 할 말이 있다며 뛰어 올라가 마이크를 낚아챘습니다. 그 역시도 눈물 섞인 이야기를 했고 엄마에게 하듯 사장님을 꼬옥 끌어안았습니다.

그리고 다른 사람도, 다음 사람도…

직원들도 울고 사장님도 울었습니다.
선물을 건네는 사람은 아무도 없었습니다.
하지만 사장님의 마음은 행복으로 가득 채워졌습니다.
사장님도 웃고 직원들도 웃었습니다.

부자가 하늘나라에 들어가는 것은 낙타가 바늘귀를 통과하기보다 어렵다고 하셨습니다. 하지만 만일 부자라는 이유로 그 사장님이 지옥에 떨어진다면 직원들은 하느님께 떼로 달려가 그가 얼마나 좋은 사람인지 왜 모르시냐며 농성을 벌일 겁니다.

돈의 노예가 된 부자도 있지만 세상에는 건강한 부자도 있다는 걸 새삼 느꼈습니다.

저는 생일잔치를 한 것이 언제인지 기억도 안 납니다. 신부들은 서로의 생일을 모를뿐더러 관심도 없습니다. 신학생 때부터 축일이 생일을 대신했기 때문입니다. 생일을 지내지 않으니 축일에 축하도 받고 선물도 받습니다.

어느 신부님은 축일 전 주일 미사 시간에 선물을 줄 거면 꼭 돈으로 달라고 하셨습니다. 당당하고 떳떳하게 말씀하시는데, 그 신부님다웠습니다. 신자들은 그 돈이 어디로 갈지 이미 알고 있었습니다. 여기저기 닥치는 대로 베풀어 온 선행은 감추어지지 않으니까요.

우리가 저마다 축하받을 날을 축복의 통로로 삼을 수 있다면 그날이 얼마나 빛날까요.

이참에 저도 한마디 하렵니다. 제가 축하받을 만한 인간은 아니지만 혹 축하해줄 일이 있다면 선물은 반드시 현금으로 주십시오.

실수를 해라

누구나 즐거운 휴가를 기대하며 일 년을 지냅니다. 저도 그랬었습니다. 하지만 언제부터인가 휴가 바라보기가 봉사 바라보기로 바뀌었습니다. 필리핀에서의 의료봉사, 정말이지 대단한 유혹입니다.

당연한 얘기지만 준비가 철저해야 현지 진행이 원활합니다. 의료진과 봉사자를 모집하고 제약회사에 의료품 기부를 요청하며 경비를 부담해줄 회사나 은인을 찾아야 합니다. 현지에서도 주 정부와 세관의 승인을 얻기 위해 문을 계속 두드려야 하고요.[8]

큰 비용이 드는지라 항공료는 본인 부담이 원칙입니다. 그러나 책임자인 제 입장에서는 봉사자들이 그 고생을 하는데 비행기 값까지 부담시키는 것이 영 마음이 쓰였습니다.

---

[8] 업무 처리 속도가 워낙 느리기 때문입니다.

애경그룹의 부회장님이 생각났습니다. 예전에 딸의 혼배 미사를 주례한 인연이 있는데 마침 그룹 계열사인 제주항공이 필리핀에 취항 중이었거든요. 착한 우리 단원들의 항공권을 마련하고 싶어서 한번 뵙자고 했습니다.

가능성은 그리 높지 않았습니다. 제가 하는 의료봉사는 기업을 홍보할 수 있는 수준이 아니니까요. 또한 우리 진료소에 오는 분들은 평생 가도 비행기는 못 타볼 형편입니다. 도무지 성사되기가 어려웠습니다.

하지만, '못 먹어도 고!' 이것이 화투판에서만 하는 말이겠습니까? 원래 화약 장사가 많이 남고, 밑져야 본전이면 용감해지는 법입니다.

담판을 지으러 제주항공 본사로 향했습니다.

부회장님은 시원하게 오케이였습니다. 준비해 간 긴 설명도 필요 없었습니다. 제주항공의 고경표 팀장에게 인천 공항과 마닐라 공항에서 수속을 돕는 것은 물론 규정을 초과한 수하물도 비행기에 공짜로 실으라고 지시하셨습니다. 참석한 계열사의 임원들에게도 의료봉사가 차질 없이 진행되도록 도우라고 하셨고요.

게다가 부회장님은 사비로 의료봉사를 지원해주셨습니다.

일이 술술 풀렸습니다.

며칠 후, 부회장님과 저녁 식사를 하게 되었습니다. 제주항공의 고 팀장도 함께 나왔습니다(세례명이 베드로더라고요). 회사에서 만나는 것과 식당에서 만나는 것은 분위기가 사뭇 달랐습니다. 의료봉사의 이모저모를 이야기하면서 편하게 식사를 했습니다.

대화는 주로 부회장님과 제가 주거니 받거니 했습니다. 베드로 팀장은 말을 아끼고 경청하는 편이었는데… 제가 보기에는 아무래도 의료봉사에 참석하고 싶은 눈치였습니다.

슬쩍, 회사 차원에서도 의료봉사단원을 파견하면 어떻겠냐고 미끼를 던졌습니다. 벙어리 같던 베드로 팀장이 덥석 물었습니다.

"맞습니다. 신부님 말씀에 일리가 있습니다."

누가 들으면 짜고 치는 고스톱이라고 했을 겁니다.

부회장님도 흔쾌히 동의하셨습니다.

"신부님 뜻대로 하시지요. 음… 어떤가? 고 팀장 자네가 다녀오는 것이."

일이 재미있게 풀려갔습니다.

식사 후 부회장님을 보내 드리고 이제는 한 배를 탄 베드로 형제와 카페로 향했습니다. 일정과 준비사항을 듣는 그의 눈이 반짝였습니다.

그에게 말했습니다.

"부회장님이 베드로 형제를 신뢰하시는 모양입니다."

"아닙니다. 제가 부회장님을 좋아합니다."

답변이 참 신선했습니다.

잘은 모르지만 기업 문화는 왕국과 같아서 최고 윗자리는 부러운 것이 없다고 생각해왔습니다. 그러니 사원의 입장에서 최고경영자를 좋아한다는 표현이 쉽게 나올 말은 아닙니다. 정상적인 대답은 '존경합니다'입니다.

베드로 형제와 아들 엘리아

"좋아한다구요?"

"예, 전에 부회장님께서 저에게 "실수를 해라!" 그러셨습니다. 그때부터 부회장님을 좋아합니다."

멋진 상관과 훌륭한 부하였습니다.

아니나 다를까 봉사 현장에서 본 베드로 형제는 그런 말을 들을만한 사람이었습니다. 오랫동안 해온 일인 양 단원들과 손발이 척척 맞았습니다. 일 뿐만 아니라 화합도 잘 이루어서 죽이 잘 맞았습니다. 보면 볼수록 탐나고 욕심나는 사람이었습니다.

그런 인재가 충직할 수 있도록 만든 말이 '실수를 해라'였습니다.

'명예는 상관에게, 공은 부하에게, 책임은 나에게!'

이진삼 장군이 한 말이랍니다. 좀처럼 잊히지 않습니다. 맞죠, 우산은 위에서 펴지며 뒤에서 안내하는 이정표는 없습니다.

세상에는 두 상관이 있습니다. 충성을 하라는 상관과 실수를 하라는 상관! 그러나 정작 충성은 실수를 강요하는 상관에게 하게 됩니다.

예수님께서 이런 비유를 말씀하신 적이 있습니다. 살아있는 아버지에게 유산을 청해 손에 쥔 아들이 실컷 놀고먹다가 거지가 되어 다시 아버지에게 돌아온다는 이야기입니다.

저는 이 내용이 정말 못마땅했습니다. 그런 무책임한 아버지가 어디 있습니까? 뻔히 어떤 결과가 있을 줄 알면서도 아들에게 유산을 넘겨주었잖아요. 그러고는 그 아들이 돌아올 때까지 동네 어귀에서 하염없이 기다리다니…

그러나 '실수를 해라'는 말을 듣고 나서는 이 비유가 다르게 보였습니다. '그분은 사랑하는, 그러나 망나니인 아들의 돌이킬 수 없는 실패를 기다리셨구나!'

아들은 아버지의 용서가 필요했지만 아버지는 아들의 실패가 필요했습니다.

저는 어렸을 때부터 잘못하면 혼나는 게 당연한 걸로 알고 자라왔습니다. 그래서인지 하느님께서는 두려운 분이시라는 생각이 뿌리 깊었습니다. 그러나 지금은 다릅니다. 사람도 실수를 하라는 마당에 몽둥이를 드신 하느님은 상상이 안 되니까요.

하느님은 늘 성공하기만을 바라실까요?

아니요. 오히려 의욕과 자신감을 잃은 나에게 '괜찮아, 다시 해봐, 할 수 있어, 내가 도와줄게.' 하고 응원해주실걸요?

그분의 격려에 힘을 얻어 실패를 두려워하지 않고 다시 도전하는 다미아노가 될 것을 다짐합니다.

요셉의원

필리핀에서 의료봉사를 하다 보면 아쉬운 점이 있을 수밖에 없습니다. 그중 가장 안타까운 것이 진료 장비입니다. 장비가 모두 휴대용이다 보니 의사들이 제 실력을 발휘할 수가 없었거든요. 그렇다고 병원을 통째로 들고 올 수도 없는 노릇이고…

하지만 병원을 통째로 빌릴 수는 있더라고요.

'필리핀 요셉의원'은 마닐라에 있는 무료 병원입니다. 그 병원을 설립하고 운영하는 분은 서울대교구의 최영식 마티아 신부님이셨습니다. 병원을 빌려서 의료봉사를 할 수 있는지를 신부님께 여쭈었더니 대환영이라셨습니다.

알고 보니 신부님은 서울대교구에서 가톨릭중앙의료원장을 하셨는데 암에 걸리는 바람에 필리핀으로 요양을 가셨습니다.

그런데 치료 차 간 곳에서 가난으로 병원도 못 가는 환자들이 눈에 들어왔고 결국 그 몸으로 무료 병원을 여셨습니다. 학비도 많이 지원하셨고요. 도대체 이런 분들의 생각과 마음속은 무엇으로 채워져 있는 걸까요?

아무튼 요셉의원 덕분에 의료봉사는 너무나 수월했습니다.

일정을 마치고 한국으로 돌아온 어느 날, 최 신부님이 갑자기 건강이 악화되어 긴급 후송되셨다는 소식을 들었습니다. 부리나케 입원하신 병원으로 달려갔습니다. 신부님은 사경을 헤매면서도 오히려 그곳 병원을 걱정하셨습니다.

다행히 위기를 넘기고 퇴원했습니다만 필리핀으로 돌아가지는 못하셨습니다. 신부님의 역할은 병원 설립까지였나 봅니다.

그 후, 다시 필리핀 요셉의원으로 의료봉사를 갔지만 예전처럼 신이 나지 않았습니다. 그분의 빈자리가 컸던 거죠. 병원에 온 사람들은 최 신부님의 '최' 자만 나와도 울었습니다. 한 사람의 헌신적 사랑이 얼마나 숭고한 감동인지 분명히 알 수 있었습니다.

필리핀 요셉의원에서 '가난한 사람은 하늘이 내게 준 선물 THE POOR IS A GIFT FROM HEAVEN TO ME'이라는 문구를 봤는데 참 인상 깊었습니다. 선우경식이라는 의사 선생님이 하신 말이라는데 그분 또한 최 신부님처럼 훌륭한 분이시더라고요.

요즘도 의사는 누구나 원하는 직업이지만 40년 전에는 그 수입과 지위가 지금보다 훨씬 나았다고들 합니다. 선우경식 선생님은 그 시절 미국에서 공부한 의대 교수였습니다. 그러나 안정된 삶을 포기하고 무료 진료를 하는 병원을 세웠습니다. 그분이 40대 초반이던 1987년 여름의 일입니다.

보장된 미래를 가난한 사람들과 맞바꾸었으니 다들 미쳤다고 했을 겁니다. 그러나 불광불급不狂不及이라고 무슨 일이든 미치지 않으면 미칠 수 없는 것 아니겠어요? 그렇게 서울 외곽에 생긴 병원의 이름이 요셉의원입니다.

선우경식 선생님은 성당에 다니셨을까요? 그렇지요. 그러면 세례명은? 네, 요셉입니다.

하지만 생각해보십시오. 무료 병원, 말이 쉽지 정년 퇴직하고 평생 모은 돈으로 시작해도 어려운 일입니다. 주말 봉사라면 벌어서 할 수 있습니다. 그러나 무료 병원은 빌어서 해야 하는 일입니다.

제 경험상 한 번의 의료봉사 비용도 만만치 않았습니다. 그러니 그분은 절박한 상황들과 얼마나 자주 맞닥뜨렸을 것이며 또 얼마나 하느님께 빌고 또 빌었겠습니까?

그 힘겨운 시기에 선우경식 선생님과 최영식 신부님, 두 분이 만납니다. 분명 사랑은 중력이 있습니다. 그것도 아주 강력하게 말이죠.

요셉의원을 설립한 선우경식 선생님은 2008년, 겨우 63세에 암으로 돌아가셨습니다. 하늘의 선물인 가난한 친구들을 위해 시간을 앞당겨 쓰신 모양입니다.

최영식 신부님은 선우경식 선생님이 선종하신 후, 필리핀의 열악한 지역에 두 번째 요셉의원을 세우셨습니다. 그리고 신부님도 2019년 하늘로 돌아가셨습니다.

성직聖職이라는 것을 생각하게 됩니다.
거룩한 직무를 수행하는 것이라면 저는 성직자가 맞습니다.
그러나 거룩하게 일하는 것이라면 저는... 자신이 없습니다.
두 분의 삶을 조금이라도 엿볼 수 있던 것을 축복으로 여기며 저 또한 그 사랑의 중력에 영향을 받고자 합니다.[9]

---

9   선우경식 선생님이 세운 최초의 요셉의원은 안녕할까요?
    영등포역 너머의 어느 골목에서 여전히 가난한 환자들을 기다리고 있습니다.
    그 병원에는 설립자의 유언이 걸려 있습니다.
    '진료비를 내지 못할 정도로 가난한 사람이야말로 정말로 의사가 필요한 사람이다.'
    그렇게 말했고 그렇게 사셨습니다.
    그 유언 앞에서 감동으로 마음이 흔들렸고 부끄러움으로 고개가 숙여졌습니다.

롤롬보이

안드레아 수녀님은 성요셉병원의 원목 수녀님인데 상냥하고 겸손한 분입니다. 제가 그 병원에 미사를 드리러 다녀서 잘 압니다.

수녀님으로부터 선한 영향력을 많이 받았는데 아쉽게도 그분의 소임지가 필리핀으로 바뀌었습니다. 수녀님은 한국을 떠나면서 필리핀에 오면 꼭 들르라고 초대하셨습니다.

이듬해 필리핀 바타안Bataan 주州의 산골 마을에서 의료봉사를 마친 후 수녀님이 계시는 불라칸Bulacan 주州의 롤롬보이 Lolomboy로 향했습니다. 가 보니 김대건 신부님이 신학생 시절 1837년, 1839년, 1842년 세 차례에 걸쳐 일 년가량 머무셨던 곳입니다.

태어나신 솔뫼, 자라신 골배마실, 도착하신 용수와 나바위, 순교하신 새남터, 묻히신 미리내... 모두가 김대건 신부님과 연관된 성지입니다. 그런데 필리핀에 김 신부님의 성지가 있어서 놀랐고 몰라서 부끄러웠습니다.

길을 헤매느라 도착한 것은 약속 시간을 훨씬 넘겨서였습니다. 죄송한 마음에 호들갑스럽게 인사하는 저에게 수녀님은 망고부터 내미셨습니다. 그런데 그 망고, 사연이 있더라고요.
수녀님은 뜰 안의 망고나무를 가리키며 알려주셨습니다.
"저 나무 밑에서 당시 신학생이던 김대건 성인께서 부친의 편지를 읽으며 눈물을 흘리셨습니다."
하지만 한 입 베어문 망고는... 꿀물이 뚝뚝 떨어지는데... 도무지 그분의 슬픔을 느낄 수가 없었습니다.
저는 망고라면 아주 환장을 하거든요. 사실 의료봉사도 망고 먹고 싶어서 가는 겁니다.

수녀님의 안내로 인근의 현지 성당을 갔습니다.
놀랍게도 제단 오른쪽에 라파엘 호에 오르신 김대건 신부님의 동상이 전시되어 있었습니다. 그뿐만 아닙니다. 신부님의 축일인 7월 5일이 되면 마을 축제가 열린답니다. 롤롬보이 성당의 주보 성인이 김대건 안드레아 신부님이기 때문입니다.
놀라운 감동이었습니다.

이튿날 아침, 롤롬보이 성당에 가서 본당 주임인 빈센트 신부님을 만났습니다. 한 눈에도 사람좋은 양반이었습니다. 워낙 몸집이 커서 신자들은 빈센트 신부님 대신 '빅 신부님Father Big'이라는 애칭으로 부르던데 잘 어울렸습니다.

빈센트 신부님은 보여줄 곳이 있다며 앞장섰습니다.
그분이 안내한 곳은 쓰레기 매립장인데 입구에서부터 역겨운 냄새가 진동했습니다. 안쪽으로 들어가니 나무판자로 얼기설기 지은 집들이 다닥다닥 붙어있었습니다.
그 마을 이름이 이뽀Ipo였습니다.

마을 사람들은 쓰레기 더미에서 돈이 될 만한 것들을 주워 사는데 그 수가 천여 명이었습니다. 수도가 들어올 리 없으니 우물물을 그냥 마시는데 그 오염된 물 때문에 얼마나 많은 아이들이 고생하고 때로는 생명도 잃을 것을 생각하니 마음이 아팠습니다.

저 건너에 좋은 집 지붕이 보였습니다. 쓰레기장을 경계로 천국과 지옥입니다. 그런데 얘기를 들어보니 그것은 집이 아니라 공동묘지랍니다. 속이 더 쓰렸습니다.

수녀님의 귀띔을 들었는지 빈센트 신부님이 제게 물었습니다.
"이곳에 한국 의사들을 데리고 와줄 수 없겠습니까?"

"조금만 기다려주십시오. 무조건 옵니다."

저는 망설이지 않았습니다.

병원을 갈 수 없는 사람들, 의사가 오지 않는 곳을 돕는 것은 당연한 일이기도 했지만 예전에 이곳에서 김대건 신부님께서 지셨을 신세를 갚고 싶었습니다.

한국으로 돌아와 다시 의료봉사단을 꾸렸습니다. 해외의료봉사를 가려면 준비해야 할 것이 보통 많은 게 아닙니다. 그러나 김 신부님께서 도와주시는지 일이 착착 진행되었습니다.

얼마 후 롤롬보이 성지와 이쁘Ipo 마을을 다시 찾았습니다.

그동안 경험한 바로는 험한 곳의 주민들은 거친 경향이 있으나 이쁘의 사람들은 서로를 배려하는 모습이 확연했습니다. 참 아름답고 인상적이었습니다.

진료 일정을 마치고 마을에서 성 김대건 안드레아 신부 기념 미사를 드렸습니다. 사회복음화국장의 임기가 다 된 저로서는 이번이 마지막 의료봉사였습니다. 5년 동안 의료봉사에 애정과 열정을 다했던 역할이 이제는 마무리되었습니다.

그동안 기억하기도 싫을 정도로 가슴을 졸였던 순간이 몇 번이었는지 모릅니다. 그러나 잊을 수 없는 감동의 장면들은 더 많았습니다. 짐을 싸면서 그 일들이 떠올라 눈물이 그렁그렁했습니다.

그 때 빈센트 신부님이 다가오더니 물었습니다.
"다음에 또 오실 거죠?"

다시 롤롬보이

"올 추석엔 의료봉사, 안 가십니까?"

한의사인 박상표 루카 선생님이 점심을 먹다가 느닷없이 물어 왔습니다. 말이 나왔으니 말인데 루카 선생님은 하늘이 저에게 내려주신 선물입니다.

첫 본당 팽성을 맡았을 때의 일입니다.

시골 본당이라 혼자 사는 어르신들이 많았습니다. 성당에 오실 수 있으면 다행이련만 대문 밖 출입도 힘겨워하셨습니다.

그분들을 찾아가면 파스 냄새가 먼저 반겼습니다. 그 냄새에 외로움마저 묻어 있었습니다. 등에 붙이려면 힘드셨을 텐데…

한 할머니는 방문한 저를 반기며 본인은 주일도 못 지키는 죄인이라고 하셨습니다. 그리고 그 죄인께서 이렇게 말씀하셨습니다.

"예전에는 몇 십 리를 걸어서 성당에 다녔어요. 그러나 이제는

다리가 시원찮아 십 리도 안 되는 성당을 못 가고 신부님을 오시게 하니 죄를 하나 더 짓는구만요."

어떤 할머니는 달력에 빨간 동그라미를 큼지막하게 쳐놓고는 그 밑에 삐뚤빼뚤 '예수님 오시는 날'이라고 써놓으셨습니다.

그분들께 한 달에 한 번 성체를 모시고 가는 거룩한 일이 저의 역할이었습니다.

언제부턴가 그 어르신들이 말씀하시기를, 웬 선생님이 와서 침 놔주고 약도 주고 가는데 본당 신부인 저보다 자주 온답니다.

누구인지 짐작이 갔습니다. 제가 아는 한 휴일에 먼 길을 운전하고 와서 공짜로 어르신들을 돌봐드릴 수 있는 사람은 단 한 분, 루카 선생님밖에 없었습니다. 지역 한의사들이 알면 멱살 잡힐 노릇이지만 누가 시켜서도 아니고 본인이 좋아서 하는 일이니 말릴 수도 없었습니다.

그 후로 10년이 지나 처음 의료봉사를 하게 되었을 때 제일 먼저 생각난 의사는 당연히 루카 선생님입니다. 아니나 다를까 아픈 사람을 찾아 가난한 나라로 가자는 말에 불나방처럼 달려들었습니다. 그 뒤로도 몇 번이나 함께 봉사를 떠났습니다.

바로 그 루카 선생님이 물은 겁니다.

"올 추석엔 의료봉사, 안 가십니까?"

기가 막혔습니다. 사실 그 제안은 늘 제가 했던 소리입니다.

'노느니 뭐하냐고, 봉사나 가자고.'

하지만 이제는 꿈같은 일입니다. 이미 지난 6월에 의료봉사를 담당하는 사회복음화국장의 임기가 종료되었습니다. 그리고 현재는 미국 비자가 나올 때까지 대기 중이었습니다. 이런 상황의 저에게 해외의료봉사라니... 말도 안 되는 일입니다.

그런데 참 주책이지, 가슴이 둥둥둥 울렸습니다.

설마하는 마음으로 같이 의료봉사를 했던 다른 의사에게 전화했더니 그도 무조건 가자고 했습니다. '어라, 이것 봐라~'

필리핀의 윤 요한 신부님에게 연락했습니다. 같이 한 의료봉사만 일곱 차례이고 그가 없는 현지 의료봉사는 차라리 안 하는 편이 낫기 때문입니다. 그도 묵직한 찬성표를 던졌습니다.

마음은 벌써 봉사 현장을 향해 날아올랐습니다.

그러나 해외의료봉사는 그리 만만한 일이 아닙니다. 손발이 맞는 봉사단을 꾸려야 하고 의약품을 비롯한 많은 후원을 받아야 하며 확보해야 할 예산도 적지 않습니다. 그리고 현지에서도 의료봉사 승인, 봉사자 모집, 의약품 구입 등을 꼼꼼히 준비해야 합니다. 무엇보다 세관 통과를 위한 사전 승인 작업은 정말 피를 말리는 일입니다. 게다가 추석까지는 고작 3주, 예산은 없었습니다.

우선 교구장 주교님께 의료봉사에 대한 허락을 청하는 메일을 드렸습니다. 기대는 컸지만 가능성은 낮았습니다.
한 시간도 안 돼서 답장이 왔는데 좋은 일이라고 격려하시며 건강히 다녀오라고 하셨습니다. 루카 선생님을 만나고 주교님의 승인이 나기까지 불과 세 시간 밖에 안 걸렸습니다.
예감이 좋았습니다.

그 후 일주일 사이에 병원 문 닫고 봉사에 참여하겠다는 정신 나간 의사가 또 나타났습니다. 목표로 한 기부금은 너무나 쉽게 채워졌고 오히려 넘쳤습니다. 필리핀에서도 식사와 차량, 호텔을 제공했던 분들이 다시 손을 들었고 필리핀 의사 네 명도 참여를 약속했습니다.
이 모든 게 기다렸다는 듯이 이뤄지는 것을 보고 '될 일'이라는 확신이 생겼습니다.

봉사현장은 당연히 이쁘Ipo마을이었습니다.
사람이 살 수 없는, 아니 살아서는 안 되는 그 곳...
반 년 만에 다시 찾은 마을에서 우리는 서로 얼싸안았습니다.

마을 사람들이 기다린 것은 치료할 의사가 아니라 정든 친구였습니다. 그래서 진료기간은 차라리 축제요, 잔치였습니다.

헌신적인 의사들은 그 더위에 한 사람이라도 더 진료하려 애썼고, 그런 의사들에게 동네 사람들은 뭐라도 대접하고 싶어서 안달이었습니다. 이가 뽑힌 아이는 아파서 우는데 그걸 보고 고만고만한 녀석들이 깔깔대고 웃었습니다. 자기들 차례가 곧 돌아올 텐데 말입니다. 출출한 오후가 되면 졸리비 햄버거와 음료수 하나에도 온 동네 사람들은 소풍 온 듯 즐거워했습니다.

마닐라 요셉의원의 '가난한 사람들은 하늘이 주신 선물입니다'라는 그 말, 가난한 사람들이 더 이상 불쌍해 보이지 않자 그 뜻이 보였습니다.

지난 봄에 빈센트 신부님은 이 가련한 마을에 의사가, 그것도

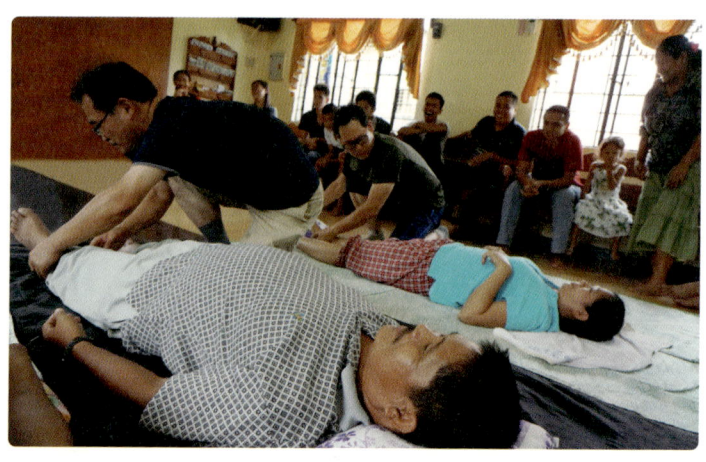

멀리 한국에서 찾아와 무료로 진료한 것은 처음이라며 한 번 더 이쁘 마을을 와줄 수 없냐고 부탁했습니다.

하지만 당시 저는 약속할 수가 없었습니다. 임기 만료로 더는 의료봉사를 할 수 없는 상황이었으니까요. 그런데 이렇게 빈센트 신부님의 바람이 이루어졌습니다.

의료봉사, 늘 가난한 잔치였고 별의별 일이 다 생겼지만 늘 하느님께서 뒷감당을 해주셨습니다.

진료를 마친 그 자리에서 마을 사람들과 함께 한국 순교자 대축일 미사를 드렸습니다. 아마 김대건 신부님께서도 천국의 망고를 자시며 흐뭇이 웃고 계시리라 여겼습니다.

제 인생의 마지막 의료봉사가 그렇게 마무리되어 갔습니다.

너 구룽이지?

2013년, 대형 지진이 난 네팔로 봉사활동을 갔습니다. 숙소는 현지인 러릿 씨의 집이었습니다.

이른 아침에 많은 사람들이 근처의 불교 사원에 들러 기도한 다음 학교와 직장으로 가는 모습을 보았습니다. 저도 산책삼아 사람들 틈바구니에 끼어 그곳에 다녀오곤 했습니다.

저는 그 사원에 입장료가 있는 줄은 정말 몰랐습니다. 네팔 사람이 아니면 천 원 가량의 돈을 내야 하는데 당당히 들어갔습니다. 나중에는 손까지 쳐들고 인사하며 출입문을 통과했고요.

일행들은 제가 네팔 사람과 비슷하게 생겨서 돈을 안 받은 것이라며 놀려댔습니다.

아뿔사! 그 말이 사실입니다. 네팔에서 "너 구룽이지?"라는 질문을 현지인에게 세 번이나 들었습니다.

구룽? 대체 구룽이 뭔가 했더니 30개가 넘는 네팔 부족 중의 하나랍니다. 처음에는 그냥 그러려니 했는데 자꾸 듣다보니 관심이 쏠렸습니다. 구룽족은 몽골 계열 부족으로 산악지대에 살며 히말라야 등반을 돕는 세르파와 용병으로 유명합니다. 한국 전쟁 때에는 영국군으로 참전하여 용맹을 떨쳤고요.

그 구룽족이 살고 있는 구르카 지역이 이번 지진의 진원지여서 큰 피해를 입었습니다. 마음으로는 저와 닮았다는 구룽족을 찾아가 작은 도움이라도 드리고 싶었습니다. 하지만 시간은 없고 거리는 멀고 길은 망가져서 갈 수가 없었습니다. 못내 아쉬웠습니다.

봉사활동을 마치고 돌아온 이듬해 봄, 해외원조에 관심이 깊은 신원건 형제님을 알게 되었습니다. 그가 네팔의 지진 지역에 학교 지원을 한다는 말을 들었을 때 너무너무 반가웠습니다. 좋은 동지를 만났으니까요.

뿐만 아니라 구룽족이 많이 사는 구르카 지역을 돕고 있으며 이번 여름에 방문할 계획이 있답니다. 생각할 겨를도, 필요도 없었습니다. 당연히 가야죠. 구룽족이 저를 부르고 있으니까요.

구르카 지역은 네팔의 수도 카트만두에서도 꽤나 먼 거리에 있었습니다. 그리고 지원할 학교가 있다는 따뿌레 마을은 구르카에서 사륜구동 자동차로 바꿔 타고 한참을 더 올라가야 했습니다. 험한 산길인 데다가 우기까지 겹쳐 진흙탕에 빠진 차를 몇 번이나 밀어야 했는지 모릅니다.

그렇게 도착한 따뿌레 마을은 이슬람교인과 힌두교인이 함께 살고 있는 흔치 않은 곳이었습니다. 종교뿐만 아니라 민족도, 생김새도 다른 사람들이 모여서 평화롭게 살아왔습니다.

이슬람 사람들은 하루에 다섯 번 '아잔'이라는 기도를 하는데 보통은 큰 스피커를 통해 우렁차게 합니다. 그런데 따뿌레 마을에서는 아잔을 육성으로 했습니다.

힌두교를 믿는 이웃을 위한 배려인 거지요.

학교 안에서도 복장만 다를 뿐 종교 간의 어떠한 차별이나 갈등이 보이지 않았습니다. 교장인 미야Miya 선생님은 이슬람교인데도 스스럼없이 힌두교인이 쓰는 모자인 네팔캡을 썼습니다.

그의 말입니다.

"제 몸 안에는 힌두 피와 이슬람 피가 섞여 흐릅니다. 힌두 아이들과 이슬람 아이들이 함께 학교에 오기 때문입니다."

그런 착한 마을에 큰 지진이 났습니다. 지진의 근원지인 구르카 지역 중에서도 따뿌레 마을은 그 피해 규모가 엄청났습니다. 도로뿐만 아니라 기름, 전기, 식량... 모든 것이 끊겨서 복구는 힘들고 더뎠습니다.

그럼에도 불구하고 따뿌레 마을은 빠른 시간 내에 학교를 재건해냈습니다. 네팔 내에서는 아주 드물고 모범적인 사례여서 네팔 대통령도 그 마을을 방문할 예정이랍니다.

이 모든 일은 한사람의 희생어린 사랑을 필요로 했습니다. 아르준Arjun, 그는 수도 카트만두에서 한국인을 상대로 여행사를 운영합니다. 지진이 발생하자 그는 그동안 자기가 안내했던 한국 손님들에게 구호 요청을 했습니다. 그러나 아무리 선행이라 해도 여행 중에 만난 외국인 가이드의 송금 요청을 쉽게 들어줄 리는 없습니다.

아르준 씨와 대건 안드레아 형제

그런데… 한국에서 송금한 돈은 5000만 원이 넘었습니다. 그가 여행객들에게 어느 정도로 성실히 임했는지 짐작할 수 있습니다. 심지어 학교를 지어주겠다는 단체도 나타났습니다.

덕분에 아르준 씨는 그 고마움을 갚고자 따뿌레에서 살다시피 했습니다. 그가 사는 카트만두에서 따뿌레까지는 왕복 15시간이 걸리는데 그 멀고도 험한 길을 50번 이상 왕래했습니다. 자연히 사업은 뒷전이었고 부인에게는 출장 간다고 속일 수밖에 없었습니다.

그리고 일 년 후 폐허 위에 새 학교가 세워졌습니다.

그는 구룽족이 아닙니다.

원래는 학교에 새 책걸상을 마련해주는 것이 제 역할입니다. 하지만 아르준 씨의 헌신적인 희생을 안 이상 저도 가만히 있을 수가 없었습니다. 저는 '구룽'이니까요.

나름 살펴본 결과 도서관이 없다는 것을 발견했습니다. 아르준 씨에게 도서관이 필요하지 않느냐고 물었습니다.

그가 환하게 웃었습니다.

저도 기분이 좋아졌습니다.

주님께서는 좁은 문으로 들어가라고 하셨습니다.

아르준 씨야 말로 좁은 문에 이르는 길을 선택했고, 그리로 향하는 여정은 힘들고 대단히 험난했습니다.

그러나 그가 좁은 문을 향해 발길을 내딛자 많은 이들이 함께 해주었고, 그가 좁은 문을 열게 되었을 때에는 더 많은 사람들이 혜택을 받았습니다. 과연 문만 좁을 뿐입니다.

숭고한 희생이 외롭지 않도록 좁은 문을 향해 가는 사람을 발견하면 망설이지 말고 그 길을 함께 달릴 것을 다짐해봅니다.

소원

어느 늦봄의 일입니다.

위중한 환자를 방문해달라는 전화를 받았습니다. 원래는 본당 신부님께 청해야 하는데 안면도, 관련도 없는 저를 찾으셔서 부담스러웠습니다. 더군다나 병원은 천안이랍니다.

그래도 어떡합니까? 죽은 사람 소원도 들어준다는데...

바로 다음날 저녁에 가기로 했습니다.

"다미아노 신부입니다."

"저는 카타리나예요. 오실 줄은 몰랐는데 진짜 오셨네요."

다행입니다. 한눈에도 병이 깊어 보였는데 생글생글 웃으며 인사를 주고받았으니 말입니다.

남편과 친언니와도 인사를 나누었습니다.

이런저런 이야기를 나누고는 소원대로 기도를 드렸습니다.

제 역할은 거기까지였습니다.

주차장까지 배웅 나온 남편은 아내의 소원을 들어주셔서 고맙다고 인사하다가... 그만 고개를 떨구었습니다. 아내 앞에서의 씩씩한 모습은 그저 연기였을 뿐입니다. 아내에 대한 애절함이 굵은 눈물이 되어 뚝뚝 떨어지는 남편을 보며 너무나 안타까웠습니다.

평택의 사제관으로 돌아왔지만 마음은 천안의 병실에 그대로 남았습니다. 이튿날부터 어떻게 해서든 시간을 벌려 3시간만 생기면 주저 없이 천안행 전철을 탔습니다. 만날 수 있는 시간이 단 5분밖에 없어도 갔고 어떤 날은 카타리나 씨가 잠들어 있어 조용히 기도만 하고 오기도 했습니다.

남경아 사랑해

자주 가다 보니 다른 환자들과도 자연스레 가까워졌습니다.

앞 침대의 말기 암환자, 스콜라스티카 씨는 새댁입니다. 처음에는 서먹서먹했으나 이내 친동생처럼 여겨졌고, 그녀도 스스럼없이 한 올 없는 머리를 제 손에 맡겨 안수를 받았습니다.

옆 침대의 할머니는 저와 같은 경주 이씨였지만 신자는 아니셨습니다. 하지만 '왜 나는 기도를 안 해주냐?'고 역정을 내신 그 날부터 그분도 '사실상 신자'가 되셨습니다.

꼬마 환자 남경이와도 친해진 건 덤이고요.

덕분에 일주일이면 서너 번씩 방문해오던 수원, 서울의 병원에 더해 천안까지 다녔습니다. 일정은 혹독했으나 발걸음은 가벼웠습니다. 다들 저를, 신부인 저를 기다리고 계셨으니까요.

왜 그렇게 공을 들였는지 잘은 모릅니다. 그렇지만 한 사람의 소원이 저의 열정을 불러일으켰고, 다른 환자들에게도 큰 복이 된 것은 분명했습니다.

그러나... 한 달이 지나자 결국 올 것이 오고 말았습니다. 담당 의사가 카타리나 씨를 임종실로 옮겨 달라고 했습니다.

잔인한 선고였습니다.

이번에는 남편도 아내 앞에서 눈물을 감추지 못했고 병실의 환자들 역시 소리 죽여 울었습니다.

옮기라는 그 방! 관과 무슨 차이가 있겠습니까?
하지만 그럴 수밖에요. 공동병실에서의 임종은 다른 분들을 위해서라도 피해야 하니까요.

임종실로 옮긴 이튿날 아침, 불안한 마음으로 남편에게 전화를 걸었습니다. 아내의 안부를 물었더니 놀랍게도 콩나물국에 밥을 먹고 있다고 했습니다. '밥을 먹는다고, 임종실에서?'
즉시 병원으로 차를 몰았습니다.

병실 문틈으로 살짝 보았는데 정말로 후루룩 국수를 먹고 있었습니다. 그것도 꼿꼿이 앉아서 말입니다. 웃음이 나왔습니다. 어제까지만 해도 몸조차 가누지 못했거든요.

새벽 3시경, 성모님 상본을 보며 기도했답니다. 무슨 기도를 어떻게 했는지는 모르겠는데 하여간 그 때부터 좋아졌답니다.
그날 복음이 주님의 기도였는데, '오늘 저희에게 일용할 양식을 주시고'라는 대목이 생생해졌습니다. 빵이 많아진 것만이 기적이 아니라 밥을 먹는 자체가 얼마나 감사해야 할 기적인지요.

마음 같아서는 정말 다 나은 것만 같았습니다. 회진을 온 의사는 머리를 갸우뚱하며 다시 일반실로 옮겨도 좋다고 했습니다.

그런데... 카타리나 씨는 병실이 아니라 병원을 옮기고 싶어했습니다. 가톨릭 병원인 '빈센트'로 가는 것이 소원이랍니다.

아, 그놈의 소원!

마침 어느 외국인 환자를 데리고 성빈센트병원을 수시로 들락거려서 원목 수녀님과 가까웠습니다. 곧바로 성빈센트병원으로 달려가서 저도 수녀님께 매달렸죠. 딱 한 번만 소원을 들어달라고. 어떻게 됐을까요?

바로 그 다음날 임종실의 환자가 병원을 옮기는 놀라운 일이 벌어졌습니다. 구급차에서 내려진 이동용 침대가 병원 입구에서 곧바로 호스피스 병동으로 올라가는 것을 지켜보면서 하느님의 개입을 정확히 느낄 수 있었습니다.

옮긴 병원, 빈센트에서 카타리나 씨는 평화로운 시간을 원 없이 보냈습니다.

"이제는 하늘에서 제가 신부님을 위해 기도할게요."[10]

독한 진통제로 자꾸만 정신을 잃던 카타리나 씨가 눈에 힘을 모아 저를 보며 말했습니다.

그리고 그날 밤 하느님께서는 그 영혼을 데려가셨습니다.

---

10 그 말은 지금도 저에게 깊은 위로와 격려가 됩니다.

빈소에서 만난 남편은 아내가 죽음을 맞이하며 미소를 지었다고 전해 주었습니다.

장례 미사를 드리면서 카타리나 씨가 여전히 가까이 있다고 느꼈습니다. 과연 천국은 그리 멀리 있지 않습니다.

소중한 인연 때문에 천안의 병원을 계속 갔습니다.

얼마 지나지 않아 새댁 스콜라스티카 씨도 하느님의 부름을 받았습니다. '나이 많은 나부터 가야 하는데...' 하시던 착한 할머니도 마리아라는 이름으로 세례를 받고 하느님께로 가셨습니다.

더 오래 사셨으면 하는 바람은 사람의 욕심일 뿐, 천국의 그분들은 더 일찍 오지 못한 것을 아쉬워할는지... 우리는 알지 못합니다.

주어진 인연 안에서 섭리를 발견하고 싶습니다.

그리고 소원이 생기면 카타리나 씨처럼 하느님께 말씀드리렵니다. 하느님이시라면 안 될 일이 없다는 믿음으로 말입니다.

분명 하느님은 상상보다 훨씬 좋으신 분이니까요.

여인아…

전화가 울렸습니다. 사무실 직원의 내선입니다.
"신부님, 외부전화인데 김서영 데레사 자매님이랍니다."
생소한 이름이지만 연결해달라고 했습니다.
"신부님, 신부님은 저를 모르시겠지만…"
"자매님이 누구신지 압니다."
저는 목소리만으로 대번에 알아차렸습니다.

사회복음화국 담당이던 저는 한 달에 한 번 인근 성당의 주일 밤 9시 직장인 미사를 드린 적이 있습니다.
어느 날 고해소로 한 자매님이 들어와서는 떨리는 목소리로 절망스런 심정을 토해냈습니다. 저는 미사 중에 기도하겠다고, 용기를 내시라고 격려했습니다.
그런데 그 자매님이 그날의 손님 신부를 수소문한 다음 제가 있는 대리구청 사무실로 전화를 한 것입니다. 지푸라기라도 잡고 싶은 마음으로 전화했을 텐데 제가 그 목소리를 기억할 수 있어서 다행이었습니다.

바로 약속 시간을 잡아 자매님과 얼굴을 맞대고 이야기를 하게 되었습니다.

남편은 사기를 당하고도 누명을 써서 옥살이의 위기에 처했으며 아들은 뇌종양으로 의가사 제대를 했답니다. 듣기에도 참 가련했습니다. 그분의 부탁대로 남편을 위한 탄원서를 써 주었습니다.

얼마 지나지 않아 남편은 다행히 누명을 벗고 무혐의 선고를 받았습니다. 그러나 아들 베드로의 상황은 가망이 없었습니다.

뇌를 잠식해가는 종양으로 인해 몸을 가누기가 불편하여 집에서 외로운 나날을 보내고 있는 이십대 초반의 청년이 자매님의 아들입니다. 그저 제가 할 수 있는 일이라고는 직장에 다니는 엄마대신 가끔 베드로를 집에서 데리고 나가 같이 밥 먹는 것 밖에 없었습니다.

얼마 후 저는 사회복음화국에서의 임기를 마치고 미국 교포 사목으로 발령이 났습니다.

그런데 문제가 좀 생겼습니다. 비자가 나오지 않아 한국에서 대기 상태로 있어야 했습니다. 그렇지만 자매님에게는 아주 다행이었을 겁니다. 제가 허구한 날 베드로를 만나러 다녔으니까요.

그러나 결국 베드로는 병이 악화되어 입원을 했고 지능은 아이 수준으로 떨어졌습니다. 저는 병원에서 그 엄마가 장가를 들었을 나이의 아들의 대소변을 아무렇지도 않게 받아내는 것을 보았습니다. 6인실인데도 부끄러운 내색조차 없었습니다(제가 아빠라면 못했을 겁니다). 숭고한 감동을 느꼈습니다.

엄마의 헌신적인 간호에도 불구하고 베드로는 뇌압이 솟구쳐 어쩔 수 없이 뇌의 일부를 잘라내는 수술을 해야 했습니다.
그러나 일시적으로 뇌압만 낮아졌을 뿐 생존할 수 있는 날이 얼마 남지 않았습니다.

당연히 제가 장례를 치러 하느님께 돌려보내야 할 인연이지만 아쉽게도 저는 한국을 떠나게 되었습니다. 그래서 다른 신부에게 정성껏 장례를 치러주기를 부탁했습니다(박 요셉 신부님, 고마워요). 그리고 미국에 간 지 며칠 안 돼서 베드로의 임종 소식을 들었습니다.

신부들은 맡겨진 신자가 많은 만큼 참 다양한 일을 겪습니다. 그 중에서도 자식을 간병하는, 그리고 먼저 떠나보내야 하는 부모의 슬픔을 보아야 할 때에는 너무나 괴롭습니다. 또한 하느님을 전하는 신부로서 면목이 없고 미안합니다.

그러나 그 어머니들은 그렇지 않습니다. 잔인한 하느님이라고 원망할 법도 한데 자식을 위한 기도를 포기하지 않았습니다.

오히려 잃었던 신앙을 되찾고 희미해진 믿음은 또렷해졌습니다.

오랜만에 미국에서 자매님과 통화를 했습니다.

직장을 그만두고 아들이 그토록 하고 싶어 했던 인터넷 쇼핑몰을 운영한다고 했습니다. 달궈지는 휴대폰으로 귀가 뜨거워지도록 울며 웃으며 얘기를 나눴습니다.

전화를 끊기 전 저에게 기도를 부탁하는데 이번에는 남편이 암이랍니다.

아...

성경에 이방인 엄마가 등장합니다. 다른 민족들에게 폐쇄적인 유대인들을 좋아하고 친하게 지내는 사람은 드뭅니다. 이스라엘 땅에서, 유대인들 틈바구니에서 사는 이방인, 그것도 여인이라면 그 신세가 얼마나 처량할는지 알만 합니다.

그 이방인 엄마가 예수님을 쫓아오면서 고래고래 소리를 질러댑니다. 딸을 살려달라고... 오죽하면 듣다 못한 제자들이 주님께 '저 여자 좀 돌려보내시라'고 할 정도였겠습니까?

그렇지만 예수님께서는 여느 때와는 달리 이방인에 대해서는 관심이 없다고 딱 잘라 말씀하십니다.

자신이 예수님 일행에게서 거론되자 그 이방인 엄마는 득달같이 나섭니다.

"주님, 저를 도와주십시오."

엎드려 청을 드렸건만 예수님께서는 여전히 외면하십니다.

"자녀들의 빵을 집어 강아지들에게 던져 주는 것은 좋지 않다."

부드러운 말로 강아지이지 듣는 이에게는 '개'입니다.

예수님께서 사람을 개에 빗대어 말씀하시다니… 그것도 딸을 살리려고 납작 엎드린 여인에게…

자존심, 남에 의해 이게 무너질 때 얼마나 아픕니까? 그러나 스스로 자존심을 내던져야 할 때가 있습니다. 자식을 위해서라면 엄마는 당연히 그렇게 합니다.

'그래요, 개라고 그러셔도 괜찮아요. 짖어 보라고 하시면 얼마든지 짖겠어요. 제 딸이 살 수만 있다면 무슨 일인들 못 하겠어요? 살려만 주세요. 뭐든 마다하지 않겠어요.'

그러고는 이렇게 말합니다.

"주님, 그렇습니다. 그러나 강아지들도 주인의 상에서 떨어지는 부스러기는 먹습니다."

이 지혜로운 답변에 제자들이 얼마나 탄복했을까요? 모르긴 몰라도 옆에 있었다면 예수님 입가에 살짝 스쳐가는 빛나는 미소를 볼 수 있었을 겁니다.

정말 지혜롭습니다. 생각을 하면 할수록 대견합니다.
'개도 주인 상에서 떨어지는 빵, 그 부스러기는 먹을 수 있습니다.'
이 엄마가 나이가 많았겠습니까?
그 시절에 많이 배우길 했겠습니까?

서품을 받았다고 신부인가요? 아이를 낳았다고 엄마인가요?
신부가 되기도 어렵지만 진짜 신부가 되는 건 정말 어렵습니다. 저는 그저 신부 시늉만 겨우 하고 있을 뿐입니다.
진짜 엄마가 되는 것 역시 쉽지 않으리라 여깁니다.

그 진짜 엄마에게 예수님의 감탄과 칭찬이 이어졌습니다.
"아, 여인아! 네 믿음이 참으로 크구나."
주님의 이 찬사가 앞으로도 많이많이 이어지기를 희망합니다.

우리의 소원

북한의 천주교 단체에서 미국 내의 한인 신부들을 초청한다는 공문을 받았습니다. 웬 떡이냐 싶어 얼른 신청하려고 했습니다. 예전부터 북한에 가보고 싶었거든요.

그래도 혹시나 싶어 총회장님에게 물어 보았습니다. 당시 한반도 정세가 그리 좋지 않았기 때문입니다.

"여차저차해서 북에 좀 다녀와야겠습니다."

그랬더니 총회장님은 일 초도 머뭇거리지 않고,

"절대로 안 됩니다. 미국에 6개월이나 늦게 들어오시고는 북한이라니요? 거기는 잘못하면 아예 못 돌아오십니다. 그러면 저희는 또 목자 없이 살아야 합니다."

'목자 없이'라는 말에 재빨리 포기했습니다.

한국에서 사회복음화 일을 하던 2015년 봄의 일입니다.

탈북자들이 남한에 적응할 수 있도록 돕는 기관이 있는데 그

곳에서 미사를 드려달라는 부탁을 받았습니다.

얼마든지 바쁘다는 핑계를 댈 수도 있었습니다. 하지만 그분들이 얼마나 큰 위험을 무릅쓰고 탈출했을지를 생각하니 거절할 수가 없었습니다(북의 사람들을 만난다는 호기심도 있기는 했습니다).

미사를 약속한 날에 가보니 연령대가 다양했습니다. 엄마 등에 업혀 탈북한 아기도 있고 어린 학생도 있으며 나이가 많은 어르신도 계셨습니다. 워낙 위험한 경로를 통과해서 그런지 얼굴은 밝았고 안도감이 느껴졌습니다.

관계자의 말을 들으니 압록강을 건너려면 뇌물로 많은 돈이 필요하답니다. 그리고 강을 건너도 중국에서는 불법 신분인지라 발각되면 다시 북한으로 추방당하고요. 만일 그렇게 되면 북한에서 어떤 처벌을 받을지… 어휴, 상상하기도 싫습니다.

그렇게 가슴 졸이며 죽음의 강을 건너 남한에 도착했으니 얼마나 마음이 놓였겠습니까?

시작 성가를 부르는데 하도 절도 있고 씩씩해서 마치 여군들 같았습니다(여성만을 위한 곳입니다). TV에서나 듣던 북한 억양을 독서자에게 들으니 살짝 웃음이 나기도 했습니다.

그런데… 미사가 중단되는 일이 생겨버렸습니다. 보편 지향 기도 시간에 어떤 사람이 오늘이 생신인 어머니를 위해 청을 드렸습니다. 그러나 어머니는 북에 계셔서 연락도 할 수 없고, 생사도 알 수 없답니다. 그러니 하느님께서 잘 돌봐주시기를, 그리고 남한으로 데려와주시면 더는 바랄 것이 없다고 기도했습니다.

떨리는 목소리에 애절함이 맺혔습니다. 그리고 더 이상 말을 못 잇고 울고만 있었습니다.

여기저기서 흐느끼는 소리가 들렸습니다. 그러고는 이내 온통 울음바다가 되어버렸습니다. 모두가 비슷한 처지입니다. 통일이 되지 않는 한, 생이별을 한 가족과 다시는 만나지 못합니다. 어떤 사람은 부모님과 이별했고 어떤 이는 부부가 함께 강을 건넜지만 남편이 아직 중국에 있습니다.

온 가족이 다 함께 탈북하는 일은 쉽지 않은 듯했습니다. 그래서 이곳을 나가면 얼른 돈을 벌어서 식구들을 한국으로 데리고 와야 했습니다.

저는 몹시 부끄러웠습니다.

강론 때, 목숨 걸고 강을 건넌 것처럼 한국에서 살면 못할 일이 없을 거라고 말했기 때문입니다. 몸은 남한으로 왔지만 마음은 가족 곁에 두고 온 그분들의 깊은 슬픔을 이해하지 못해 너무나 죄송했습니다.

한번은 평양을 다녀 온 신부와 이런 이야기를 한 적이 있습니다.

"형, 제가 북한에 들어갈 때 입국신고서를 무슨 언어로 썼는지 아세요?"

"글쎄, 영어?"

"아니, 우리말로 썼어요."

그는 입국신고서를 한글로 쓰면서 감동으로 손이 떨렸다고 했습니다. 북한에 내린다는 두려움으로 긴장했던 마음은 누그러지고 이래서 통일이 돼야 한다는 것을 알았답니다.

그 심정이 고스란히 전달되었습니다.

같은 돌로 벽을 세울 수도 있고 다리를 놓을 수도 있다지요? 언젠가는 휴전선 너머로 다리가 놓이는 날이 왔으면 좋겠습니다.

⇧ 본당 야외미사 때면 한국 전쟁의 베테랑(미국에서는 참전 용사를 베테랑이라고 합니다)들이 참석하시곤 했습니다. 장진호 전투에서 살아남은 분들과 그 가족들입니다. 중공군에 의해 수적으로 밀렸지만 끝까지 사수해서 흥남철수를 성공하게 만든 중요한 전투입니다. 전투가 격렬했던 만큼 수많은 전사자가 생겼습니다. 살아 돌아온 사람이 얼마 없어 'Chosin Few'라는 말이 생겼을 정도입니다. 그 Chosin Few와 가족들이 한인 성당의 미사에 오셨던 겁니다. 머나먼 한국 땅까지 와서 우리를 도와 준 귀한 희생에 감사했습니다.

⇦ 제가 사목했던 올버니에는 작은 공항이 하나 있는데 공항 터미널 복도에 특별한 기념패가 전시되어 있습니다. 그 패에는 한국 전쟁에서 전사한 올버니지역 출신 42명의 이름이 새겨져 있습니다.

죽으면 영원히 쉽니다

남해의 어느 섬을 걷고 있었습니다.
아무도 없는 섬 숲은 깊고 적막해서 밤길을 걷는 것만 같았습니다.
갑자기 뒤에서 '쿵' 하고 뭔가 떨어지는 소리가 났습니다.
깜짝 놀라 소름이 돋았습니다.

조심조심 뒤를 돌아보니 숲길 위로 떨어진 동백꽃 한 송이가 보였습니다.
분명 조금 전에는 없었는데…
꽃의 죽음이 온 숲을 울렸습니다.
여전히 붉은 잎이 생생한 그 꽃송이를 손바닥에 올려놓고 한참을 바라보았습니다.
시시하게 꽃잎을 떨구지 않고 맞이한 동백꽃의 죽음에 마음이 숙연해졌습니다.

동백꽃만 그런 것이 아닙니다.
저녁을 걷다가 멈춰 선 적이 있습니다.
마주 본 해가 너무나 눈부셨기 때문입니다.
경이로웠습니다.
태양은 서산 위에서까지 빛을 뿜고 동백은 떨어지기 전까지도 꽃을 피웁니다.

어느 해인가 우리 교구의 모든 사제들이 모인 연수 때의 일입니다.
대구대교구의 은퇴 신부님이 초청 강사이셨는데 당시 큰 인기를 얻고 있던 '성공하는 사람들의 일곱 가지 습관'이 주제였습니다. 그 성공의 습관이 사목자에게도 적용된다는 것을 열정적으로 강의하셨습니다.

그런데 문제가 생겼습니다. 신부님이 강의에 극도로 집중하신 나머지 휴식시간을 지나치셨습니다. 좀 지나치셨죠.
신부들 사이에서 작은 동요가 일었고, 선배들은 앞자리의 후배들에게 휴식시간이 지났음을 말씀드리라고 압박했습니다. 결국 맨 앞줄의 이등병 같은 새 신부가 손을 번쩍 들었습니다.

"신부님, 아뢰옵기 황공하오나 휴식 시간이 지났습니다."

여기저기서 큭큭 대며 웃는 소리가 들렸습니다. 아마 주교님도 웃으셨을 것 같습니다. 그러나 오직 한 사람, 강의하던 신부님만은 웃지 않으셨습니다.

천천히 좌중을 둘러보신 노老사제는 이렇게 말씀하셨습니다.
"죽으면 영원히 쉽니다."
일곱 가지라는 성공 습관은 한 개도 기억나지 않습니다. 그러나 죽으면 영원히 쉰다는 그 말씀은 죽어도 잊을 수가 없습니다.[11]

---

11 언젠가 '오늘만 현금을 받겠습니다'라고 써 붙여놓은 한인 식당을 간 적이 있습니다.
오늘만이라... 단 하루도 카드를 받지 않겠다는 강력한 의지였습니다.
맞죠, 오늘만 중요하죠. 타고르의 말처럼 내일은 절대로 오지 않으니까요.
시들지 않는 꽃처럼 저물지 않는 해처럼 살고 싶습니다, 오늘만!

꿈이여 생시여

신학생 때의 일입니다.

한밤중에 수녀원으로 전화가 한 통 왔는데 본당 신부님이 방금 경부고속도로에서 돌아가셨다는 믿지 못할 소식입니다.

당시 신부님은 일주일에 두 번 서울로 학교를 다녔는데 밤이 되어서야 성당으로 돌아오셨습니다. 공교롭게도 '그 날'은 학교 가는 날이고 '그 시간'은 고속도로에서 운전하고 계실 시간이었습니다.

정황상 의심의 여지가 없었습니다.

'신부님이 사망하셨다'는 소식은 겨울에 들불 번지듯 삽시간에 퍼졌고, 신자들은 그 밤에 성당으로 속속 모여들었습니다. 100년이 다 된 성당이지만 한 번도 없던 일이라서 다들 갈피를 못 잡고 집단 혼돈에 빠졌습니다.

총회장님은 사목위원들과 장례 절차를 논의하느라 정신이 없었고, 수녀님은 넋이 나간 신자들을 진정시키며 성당에 올라가서 연도를 바치자고 하셨습니다. 하지만 어떻게 해도 진정이 될 만한 상황은 아니었습니다. 급기야 할머니 한 분이 주저앉아 '나를 데려가시지 왜 우리 신부님을 데려가시냐?'며 우시자 성당은 금세 통곡의 바다가 돼 버렸습니다.

바로 그 때, 누군가 손가락으로 가리키며 말했습니다.

"저거 저거, 신부님 자가용 아녀?"

그 말에 모두의 시선이 집중되었고 정말로 낯익은 검정색 자동차가 성당 마당에 들어섰습니다. 이윽고 차문을 열고 내리는 분은 다름 아닌 본당 신부님이셨습니다.

"이 야밤에 웬일들이신가요? 누가 죽기라도 했나요?"

"꿈이여, 생시여?"

초상집에서 잔칫집으로 바뀐 것은 순식간이었습니다.

좀 전까지 땅을 치며 울던 할머니들은 좋아서 우셨고 장례를 논의하던 총회장님은 가슴을 쓸어내렸으며 누군가의 전화를 받은 수녀님은 그 인간을 찾아내야 한다며 노발대발하셨습니다.

수녀님에게 자초지종을 들은 신부님은 짚이는 구석이 있다고 하셨습니다. 신부님을 흠모하는 여인이 있는데 만나주기는커녕 거들떠보지도 않자 분풀이 전화를 한 걸로 잠정 결론이 났습니다.[12]

---

12 신부님은 30여 년이 지난 지금까지도 멀쩡히 잘 살아 계십니다.

하루 교통사고 사망자가 30여 명에 이르던 시절이니 불경스럽기는 하지만 신부님이 길 위에서 돌아가시는 일은 얼마든지 가능했습니다. 그래서 거짓 부고를 고스란히 믿었고요.

죽는 것이 가능하다면 죽을 뻔한 것은 더 말할 나위가 없죠. 하마터면 큰일 날 뻔한 상황들이 어디 한두 번이었습니까?

미국에서 살다보면 손님 치를 일이 생깁니다. 그럴 때면 꼭 들러야 하는 곳이 있습니다. 나이아가라 폭포입니다.

참 장관이죠. 하지만 가는 데 5시간, 오는 데 5시간이 걸립니다. 그렇다고 자고 오기엔 돈이 아깝습니다. 그래서 매번 당일치기로 다녀오곤 했습니다.

한번은 방글라데시 사람인 레오나르도 신부가 어머니가 살고 계신 뉴욕으로 휴가를 왔습니다. 그리고 우리 성당에서도 일주일 동안 머물렀습니다. 당연히 나이아가라에도 함께 갔죠.

아침에 출발해서 폭포 근처에서 점심을 먹었습니다(오늘만 현금을 받겠다는 바로 그 집입니다). 그리고 배를 타고 폭포 밑에 가서 물을 잔뜩 맞은 후 집으로 출발했습니다.

피곤하다 싶었습니다. 아니나 다를까 운전하는데 좀 졸리더라고요. 충분히 그럴 만도 하죠. 왕복 10시간인데.

"철가방!"

제가 한 잠꼬대에 제가 깼습니다.

레오나르도 신부는 철가방이 무엇인지 알 리 없지만 제가 졸음운전, 아니 운전하다가 잠든 것은 모를 리 없습니다.

"STOP. STO~P!"

하지만 바로 차를 세울 수는 없었습니다. 고속도로 갓길에 주차하면 경찰이 왱왱거리며 출동하니까요. 기를 써서 눈을 부릅뜨고 휴게소까지 운전한 다음 잠시 눈을 붙였습니다.

어휴, 생각만 해도 아찔합니다. 잠꼬대가 아니었으면 고속도로에서 사망한 사람은 저일 뻔했으니까요.

죽음은 늘 근처에 있습니다. 세상에는 사람보다 무덤이 더 많듯 말입니다. 그러니 아이가 삶을 배우듯 어른은 죽음을 배워야 합니다.

그러나 안타깝게도 출생 전에는 엄마와 함께 열 달을 준비하지만 죽을 때는 단 하루의 준비도 보장받지 못합니다. 죽음이 확실한 것에 비해 죽는 날은 불확실하니까요. 오늘이 마지막 날일지도 모르니 최선을 다하되 최악에 대비해야 합니다.

분명 내세는 내일보다 먼저 온다니까요.

라자이 모세성당

방글라데시의 라자이Rajai라는 마을에 간 적이 있습니다. 수도인 다카Dhaka에서 버스로 밤새 이동하고 오토바이로 반나절, 배로 강을 두 번 건너야 겨우 도착하는 곳입니다. 바로 앞 산 너머가 인도이니 방글라데시의 끝마을입니다.

꾀죄죄한 모습으로 성당에 들어섰는데 한 무리의 사람들이 기다리고 있었습니다. 세상에나… 자기네 성당을 방문한 낯선 외국인을 위해 꽃을 건네고 노래를 불러주었습니다. 예기치 않았던 환대에 감동을 받았습니다.

그런데 그게 끝이 아닙니다. 한 여자아이(부르날리)가 오더니 다짜고짜 먼지가 가득한 신발과 양말을 벗기려고 했습니다.

저는 한사코 안 된다고 했지만 결국 그 고장의 풍습을 존중할 수밖에 없었습니다. 부르날리는 기어이 더럽고 냄새나는 발을 씻기고는… 입맞춤까지 했습니다. 얼굴이 다 화끈거렸습니다.

한 바퀴 둘러 본 라자이 마을은 전형적인 농촌으로 아주 평화로웠습니다.

마실을 다녀오니 본당 주임인 요셉 신부님이 점심을 차려 내오셨습니다. 젓가락 대신 손가락으로 먹었는데 그 맛이 기가 막혀서 남김없이 다 먹었습니다.

성당을 떠나면서 신부님에게 300달러(36만 원)를 후원금으로 드렸더니 몹시 고마워하셨습니다. 나중에 알게 된 사실인데 신부님의 생활비가 38달러(약 5만 원)였으니 제가 닭 한 마리 값으로 거의 연봉을 드린 셈입니다.

그 후로 일 년이 지난 어느 날, 그 라자이 마을에 성당을 짓는다는 소식이 들려왔습니다. 두 칸짜리 작은 폐교를 성당으로 사용하던 기억이 떠올랐습니다. 건물이 너무 낡고 허름해서 오히려 꽃밭이 도드라지게 예뻤습니다. 드디어 새 성당을 짓는다고 하니 제가 다 기분이 좋았습니다.

그러나 기쁨은 잠시, 그 가난한 마을에서 무슨 재주로 성당을 지을 큰돈을 마련할지를 생각하니 답답함이 올라왔습니다.

제 발을 닦아주던 어린 소녀가 생각났습니다. 저는 능력자도, 더더군다나 해결사도 아니지만 모른척 할 수는 없었습니다. 그렇다고 두 팔 걷어붙일 상황은 또 아닙니다. 비자만 나오면 곧 미국으로 떠나야 했기 때문입니다. 국내 일을 마무리해야지 외국 일을 시작할 때는 아니었습니다.

정말 마음은 굴뚝같지만 도무지 어쩔 도리가 없었습니다. 하느님께 부탁드리는 수밖에요...

그런데, 정확히 그 다음날입니다. 어느 낯선 자매님으로부터 만나고 싶다는 전화를 받았습니다. 오시라고 했지요.
제 사무실에서 자매님과 마주 앉았습니다.
"뭔가 의미 있는 일을 하고 싶어요."
문득 짚이는 구석이 있었습니다. 그래서 물었습니다.
"혹시 외국 일이어도 상관없습니까?"
"괜찮아요."
"새 성당을 필요로 하는 곳이 있습니다."
"바로 그런 일을 찾고 있어요."
저는 구체적인 액수를 말씀드렸고 자매님은 우선 가족과 상의하고 오겠다고 하셨습니다.
자매님이 가시자마자 저는 즉시 방글라데시로 연락했습니다. 좋은 일이 생길 수도 있으니 온 신자와 기도하라고 라자이성당의 요셉 신부님에게 알려드렸습니다.

하지만 아무리 기다려도 자매님에게서는 연락이 없었습니다. 안타까웠습니다. 마을에서 정말 열심히 기도하셨을 텐데...
아무래도 액수가 액수이다 보니 부담스러우셨을 것입니다.

한 달쯤 지났을 때, 어느 성당에 미사를 봉헌하러 갔습니다. 일찍 도착한 성당에서 그 자매님과 마주쳤습니다(그 본당의 교우인지 몰랐습니다).

순간 조심스러웠습니다.

생각보다 금액이 많아서 가족들이 반대했겠지요. 사실 그분이 하겠다고 말한 적도 없습니다. 그렇지만 이렇게 갑자기 만나니 얼마나 불편하셨겠어요?

그러나 예상과는 달리 자매님은 반갑게 저를 맞이하며 안 그래도 곧 찾아뵈려던 참이라고 하셨습니다. 그동안 국내에 없었다며 좀 복잡한 사연이 있으니 이해해달라고 하셨습니다.

며칠 후 자매님이 다시 사무실에 오셨습니다. 그분이 내민 봉투 안에는 성당을 짓기에 넉넉한 돈이 들어 있었습니다. 그리고 봉헌의 이유를 말씀하시는데…

얼마 전 교통사고로 돌아가신 남편의 이름으로 성당을 짓고자 한다는 겁니다. 사랑하는 이의 갑작스런 죽음을 받아들이기가 고통스러울 텐데 그 와중에 선행으로 '삶의 자국'을 남기려는 가족의 의지가 참으로 감동스러웠습니다.

이 소식을 라자이 마을에 전하자 새로 지어질 성당의 이름을 은인의 본명인 모세로 하겠다고 했습니다. 그리고 언제까지나 고인과 그 가족을 위해 기도할 것을 약속했습니다.

저는 그 약속이 진심임을 압니다. 왜냐하면 주는 이에게는 선행이지만 받는 이에게는 늘 기적이었기 때문입니다.

어김없이 일어나는 기막힌 타이밍을 생각하면 하느님께서는 사람이 선행을 하게끔 창조하셨고, 해야 할 선행을 마련하셨음을 확신하게 됩니다. 그러니 누군가를 돕고 싶은 마음이 피어나면 주저 없이 해야 합니다. 그것이 창조질서를 따르는 삶이기 때문입니다.

아바르 아스벤 abar aShben

미국에서 사목하던 중에 멀리 휴가를 다녀와야 할 일이 생겼습니다. 드디어 라자이의 성당이 다 지어져 축성식을 거행한다는 기쁜 소식이 도착했기 때문입니다. 한국에서도 봉헌한 자매님이 오신다고 해서 저도 방글라데시행 비행기 표를 끊었습니다.

주교님을 모시고 한 축성식은 동네의 큰 축제였습니다. 성당의 이름은 당연히 '모세성당'입니다.

성당 봉헌에 한 몫을 한 부르날리와도 오랜만에 만났습니다. 소녀 티를 벗은 얼굴에 여드름이 잔뜩 났습니다.

기쁨의 일정을 마치고 카타당가로 이동했습니다. 그곳은 예전에 신부님들이 한밤중에 성당에서 강도를 당했고 그런 이유로 안전이 확보된 사제관을 요청받았던 곳입니다. 멀기는 그곳도 마찬가지입니다. 라자이에서 카타당가까지 꼬박 이틀이 걸렸습니다.

카타당가는 사제관을 짓고 있을 때 이미 가본 적이 있는데 이번에 가면 새 사제관에서 자게 될 것입니다. 그러나 제 속내는 다른 데에 있었습니다.

마토비, 성당 옆 수녀원에서 지내는 친구입니다. 수녀님들은 부모가 없는 아이들을 데리고 살고 계셨는데 그중에 한 아이입니다.

예전에 카타당가에 갔을 때 말은 한마디도 안 통했지만 아이들과 재미나게 놀았습니다.

다음날 헤어질 때, 마토비가 저에게 그랬습니다.

"다시 와요 abar ashben."

그 날 가슴을 떨리게 했던 그 말 때문에 이틀을 달려갔습니다. 그리고 마토비와 만나서 또 재미나게 놀았습니다.

예쁜 자동차 한 대가 성당 마당에 서 있었습니다.

수녀님에게 여쭤보니 먼 곳에 사는 학생들을 위한 스쿨버스라고 했습니다. 우기 철만 되면 못 오는 아이들이 그렇게 많답니다. 그래서 빚을 내서 구매했다네요.

앗싸, 이거야말로 천당 갈 기회죠. 스쿨버스 빚을 제가 갚겠다고 했습니다. 마음 같아서는 '마토비 버스'라 부르고 싶었습니다. 그 애가 아니면 없을 차니까요.

그날 밤 저는 수많은 별을 보며 꿈을 꾸었습니다.
이곳에 고아원이 세워질 수 있다면…
그저 꿈이지만 그 생각만 하면 기분이 좋아집니다.
좋은 뜻을 품으면 그 뜻이 스스로 깨어난다고 믿으니까요.
다시 수도 다카로 돌아왔습니다.
몹시 피곤했지만 마음은 한껏 부풀어 올랐습니다.

내일이면 미국으로 돌아가야 하는 마지막 밤이었습니다.
숙소인 수도원으로 현지 신부가 찾아왔습니다. 안면이 있는 신부였는데 한참을 머뭇대다 얘기를 털어놓았습니다.

그는 십남매의 맏이입니다. 이번에 스무 살 차이 나는 막내 여동생, 선데이가 그 어렵다는 의대에 합격했습니다. 그러나 기쁨의 안개가 걷히자 입학금조차 마련하지 못하는 집안 형편이 드러났습니다. 돈을 탈탈 털고 여기저기 손을 벌려 간신히 기간 내에 등록을 했습니다. 하지만 산 너머 산이라고 매달 내야 하는 학비는 도무지 감당하지 못하겠다고 했습니다.

우리는 남성男性과 부성父性을 포기하고 신부가 되었습니다. 돈은 조금밖에 못 받습니다. 그래서 자부심이 있습니다.
그런데 그 자존심을 굽히고 여동생의 처지를 설명하는 오빠 신부의 목소리는 절박함으로 떨렸습니다. 때문에 같은 신부인 저로서는 부탁이 아니라 협박처럼 들렸습니다.
어쩌겠습니까? 무조건 해드린다고 했습니다. 그제야 굽힌 몸을 펴고 고맙다고 했습니다. 하지만 얼굴에는 여전히 기쁨이 피어나지 못했습니다. 짓누른 돈의 무게가 그만큼 컸던 거지요.
선데이에게 오빠는 큰 복입니다(선데이는 오빠가 학비를 마련한 과정과 심정을 모르겠지요. 아니 모르는 게 나을 겁니다). 암튼 오빠의 사랑에 보답하듯 선데이가 좋은 의사가 되기를 바랍니다.

사실 방글라데시 의사가 필요한 건 저입니다.
예전에 방글라데시에서 현지 의사와 의료봉사를 한 적이 있습니다. 의사를 하루 동안 고용하는 비용은 고작 5만 원이고, 하루 100만 원이면 마을 사람들을 진료하고 약을 나눠주며 심지어 잔치를 벌일 수 있기까지 했습니다. 그때부터 내심 의사를 키우고 싶어했습니다. 그러니 서로의 필요가 맞아떨어진 겁니다.

선데이는 대대로 산속에서 살아온 카시Kashi 민족입니다. 다 합해도 3만 명밖에 안 되는 소수 민족입니다. 지금도 어르신들은 카시 말만 알지 공용어인 벵골어를 몰라서 아무리 아파도 혼자서는 병원에 못 갑니다. 그래서 같은 민족 내에서 의사가 나면 정말 귀하게 쓰일 수 있습니다.

선데이는 공부 잘 하고 있다고 가끔씩 이메일을 보내옵니다.
암요, 잘 해야죠. 그 애가 의사가 되기만을 고대하고 있으니까요.
의사 선데이Sunday가 일요일에 행하는 의료봉사의 신나는 사진과 소식들을 읽으며 신나할 날을 기다립니다.

부릉부릉

멕시코의 캄페체라는 곳에 다녀왔습니다. 휴양지로 유명한 칸쿤에서 다섯 시간쯤 떨어진 곳인데 그곳에는 다섯 명의 한국 신부님이 땀흘리며 사목하고 있습니다.

가서 알게 된 사실인데 멕시코는 명색이 가톨릭 국가이지만 신부님이 부족하여 신자들이 어려움을 겪습니다. 그래서 신부님이 돌보지 못하는 지역은 줄줄이 개종합니다.

사정은 캄페체교구도 마찬가지여서 한국에 도움을 요청했고 이에 한국외방선교회가 그곳에 신부님을 파견했습니다.

사제가 부족한 상황이 어느 정도인가 하면, 혼자서 보통 주일 미사 여섯 대를 드립니다. 그것도 본당에서는 한 대만 드리고 공소를 일일이 방문하여 미사를 봉헌합니다. 가난하고 교통이 불편한 곳이라 신자들은 성당에 오지 못하기 때문입니다.

문제는 그런 공소가 마흔 군데나 있다는 것입니다. 당연히 주일에 사제 혼자서 그곳을 다 다닐 수 없으니 평일에도 미사를 드리기 위해 하루에 대여섯 공소를 다녀야 합니다.

미국에서 저는 신자들과 일주일에 세 번 미사를 드렸습니다. 그러나 멕시코의 사제들은 오십 번 가까이, 그것도 먼 길을 다니며 미사를 드립니다. 그런 선교지의 사제들에게 자동차는 너무나 중요합니다. 자동차가 없으면 미사도 못 드리니까요.

피정을 겸해서 한국외방선교회의 멕시코 지부가 있는 캄페체에 갔습니다.

양금주 토마 신부님이 지부장인데 아주 오랜만에 만났습니다. 제가 방문해도 되냐고 여쭈니 수원교구와 한국외방선교회는 형제라며 반겨주셨습니다(같은 신학교에서 공부했거든요). 거의 이십 년 만에 만나서 서먹서먹할 줄 알았는데 별로 어색하지가 않더라고요. 양 신부님이 편하게 해주셔서 그런 거지요.

어느 아침, 정원 관리를 하던 양 신부님이 '공소에 가려면 사륜 오토바이를 한 대 사야 하는데…'라며 혼잣말을 하셨습니다.

신부님은 무심코 말하셨지만 저에게는 유심히 들렸습니다. 다른 것도 아니고 사목에 필요한데 어찌 모른 척할 수 있겠습니까?

제가 마련해보면 안 되겠냐고 했더니 새 부임지에 간 아우에게 부담을 줄 수는 없다고 하셨습니다. 하지만 졸라서 결국 승낙을 얻어 냈습니다.

미국으로 돌아온 지 얼마 안 되어 양 신부님으로부터 다시 연락이 왔습니다. 신부들과 회의를 했는데, 사륜 오토바이는 우기 때 운행이 어렵고 또 위험하기까지 해서 오토바이 값을 보내주면 이돈 저돈 합해서 중고차를 사기로 했답니다.

저도 다녀와 봐서 그곳 사정을 조금은 압니다. 멕시코 선교지부에 처음으로 방문한 손님이 저였습니다. 제가 본 바로는 건물 완공이 덜 되어 양 신부님은 매일매일 공사에 매달리셔야 했습니다. 그러하니 건물을 새로 지은 선교지부에 돈이 어디 있겠습니까? 빚이 있으면 있지.

선교란, 영화 「미션」에서처럼 피리 하나 들고 폭포를 기어오르는 것이 아닙니다. 요즘 시대의 선교는 뒤와 옆에서 지원하지 않으면 그 임무를 효율적으로 할 수가 없습니다. 또한 아무나 선교지로 갈 수는 없지만 누구나 협력할 수는 있습니다. 선교사들이 활약할 수 있도록 도우면 간접 선교사입니다.

저는 미사를 드리기 위해 사제가 되었습니다. 하지만 비자가 나오지 않아 미국에 들어가지 못했고 부임지 올버니성당에서 반 년 동안이나 미사를 드리지 못했습니다. 어떻게 해도 해결할 수 없는 문제였습니다. 그러나 차가 없어서 미사를 드리지 못하는 것은 얼마든지 해결 가능한 문제입니다.

올버니성당은 주일미사에 150명이 나오는 작은 공동체입니다.
돈 안 되는(?) 주일학생과 유학생을 빼면 정말 작디작지요.
예전에 스승님께서 하신 말씀이 떠올랐습니다.
"돈이 없어서 못 하냐? 뜻이 없어서 못 하지."
맞죠. 그 말에 힘을 내어 교우들과 뜻을 모았습니다.
정말 자동차가 생겼습니다.
이 아이를 타고 사제가 미사를 드리러 먼 길을 마다않고 다닐 것을 생각하면 마음이 뿌듯합니다.

외통수

'그만 헤어지고 싶다'는 생각을 안 해본 부부가 있기나 할까요?
'이제 그만하고 싶다'는 생각을 안 해본 신부가 있기는 할까요?

신부들도 그럴진대 신학생은 어떻겠어요? 그들이 성소에 대해 깊은 고민에 빠지는 것은 지극히 당연할 수밖에 없어요. 사무엘처럼 하느님의 음성을 똑똑히 들은 바 없으니 사제 성소에 대한 확신이 서지 않습니다. 그리고 평생 동안 헌신과 희생의 길을 걸을 자신도 없습니다. 게다가 한 우물만 파야 하는데 한눈팔기도 합니다. 그러니 걱정도 하지 않고, 걱정도 끼치지 않고 사제가 되었다면 저는 그게 더 이상합니다.

실제로 많은 신학생들이 다른 길을 찾아 떠나곤 합니다. 하지만 이유야 어떻든 성소 포기의 결정을 내리기까지 고민과 기도를 얼마나 치열하게 했겠습니까? 신학교를 입학하는 것은 참 어렵습니다. 그렇지만 신학교를 그만두는 것은 더 어렵습니다.

한 신학생이 그만두기로 결정했습니다(정말이지 위로해주고 격려해주고 싶습니다). 그때가 군에서 전역을 앞두었을 무렵이었습니다(그러고 보니 저도 그랬습니다).

미련 없이 신학생 신분을 정리하고자 했습니다. 그래서 말년 휴가를 나와서는 자기를 신학교에 추천해준 신부님부터 찾아갔습니다.

말년 휴가!

얼마나 달콤한 말인가요? 신혼여행과 동급이지 않을까 싶습니다. 게다가 그동안 골머리를 썩어왔던 성소 문제를 해결했으니 얼마나 후련했겠어요? 비록 그 신부님을 찾아가는 발걸음은 죄송스러웠지만 무거운 결정을 했으니 마음만은 정말 홀가분했을 겁니다.

그렇게 신부님이 사목하는 안양에 도착했습니다. 그런데 신부님은 다짜고짜 그를 차에 태우고는 어디론가 향했습니다.

보통은 군인 신학생이 찾아오면 신부님들이 맛있는 밥을 사주고는 합니다. 그러니 근사한 식당에서 전역이 아니라 '성소의 포기'를 말해야 하는 신학생의 심정이 얼마나 딱합니까? 그래도 어떡합니까? 할 말은 해야죠.

신부님에 이끌려 간 곳이 명동이었습니다. 명동! 누군가에게는 화려한 쇼핑의 거리이지만 천주교인에게는 성지이자 상징입니다.

신앙의 선조들이 선교사 신부도 없이 자발적으로 신앙 모임을 가진 최초의 장소, 바로 그 자리에 명동성당이 서 있습니다.

불편했습니다. 그만둔다고 말해야 하는데, 하필이면 명동이라니... 아니 불길했습니다. 아니나 다를까, 명동에 간 이유는 수단을 맞추기 위해서였습니다.

흐뭇하게 웃는 신부님에게 붙잡혀 얼떨결에 '어울리는 수단'을 위해 몸 치수를 쟀습니다. 그 줄자가 오랏줄 같았습니다.

안됐지만 외통수가 어찌 장기판에만 있겠습니까?

누군가는 이렇게 말할 수도 있죠.
'용기를 내서 아니라고 해야지...
그렇게 무책임하게 신부가 돼서는 안 되지...
원치 않는데도 신부가 되면 피해는 신자들이 입을 텐데...
자기 인생을 살아야지. 쯧쯧 비겁하구만...'

맞는 말이죠. 하지만 말입니다. 사제직이 '자기의 꿈'이라면 얼마든지 바꿀 수가 있지만 '하느님의 부르심'이라고 느낀다면 얘기가 달라집니다.

좋고 싫고의 문제가 아닙니다. 그릇이 되느냐 못 되느냐의 문제도 아닙니다. 가기 싫어도, 그릇이 못 되어도 가야만 하는 '믿음의 문제'이기 때문입니다.

'신학교를 그만두겠다고 말하러 갔는데 수단을 맞춰주셨다.'

다른 사람들에게는 일이 꼬였다고 비춰질 수 있습니다. 하지만 당사자에게는 그것이 하느님의 분명한 신호일 수 있습니다.

아마 그 때부터 제대로 된 고민이 시작되었을 겁니다. '인간적인 나'와 '신앙적인 나'와의 대결인 거죠. 인생을 걸고 하는 고뇌, 안 봐도 뻔합니다. 저도 그 과정을 거쳤으니까요.

지금은 어떻게 되었을까요?

신부가 된 그는 지금 열심히 성당을 짓고 있습니다.

그러면 그에게 수단을 맞춰준 신부는 누구였을까요?

맞아요, 접니다.

삼 년 전, 미국에 있는 저에게 그 신부가 전화를 했습니다. 성당 건축을 준비하고 있으니 답답한 사연이 얼마나 많겠어요? 한참 넋두리를 털어 놓다가 그때를 기억하시냐며 말년 휴가 때 수단 맞춘 얘기를 꺼냈습니다.

"어... 내가 수단을 맞춰 주었다고?"

저는 도무지 기억이 나지 않았습니다. 그가 그런 고민을 한 것도, 제가 수단을 맞춰 준 것도.

그는 아마 전화기를 내팽개쳤을지도 모릅니다.

'내가 누구 때문에 꼬여서 그 고생을 했고, 지금도 이 고생을 하고 있는데...'

라틴어에 비슷한 말이 있습니다. vocatio와 vacatio, '부르심'과 '휴가'라는 뜻입니다.

하지만 굳이 구분할 필요는 없습니다. 누군가에게는 말년 휴가가 부르심이었듯이 말입니다. 과연 하느님의 부르심vocatio은 vacatio휴가입니다.[13]

가톨릭 신앙은 보편적이지만 또한 지극히 개인적입니다. 하느님의 부르심, 그 손짓으로 인한 크고 작은 사연들을 우리는 제각기 기억의 품 안에, 영혼의 기억 속에 간직하고 살기 때문입니다.

그리고 그 부르심은 일회성으로 그치지 않습니다. 개울 너머로 돌다리가 이어지듯 연속성을 지닙니다. 신학교에 입학했다고, 신부가 되었다고 성소가 있다고 말할 수 있을까요? 아닙니다. 그것은 과거의 성소일 뿐, 완료된 성소는 없습니다. 그러니 오늘의 부르심에 귀 기울여 좋든 싫든, 옳든 그르든 순종하고자 합니다.

'죽은 물고기만이 물살을 따라 내려간다'는 브레히트의 말을 기억하며 말입니다.

---

13 신부가 되면 대개 체중이 불어 신학생 때의 수단을 못 입게 됩니다.
그래서 새 수단을 맞추고 헌 수단은 후배에게 물려주곤 합니다.
이 신부도 더 이상 입을 수 없게 되었지만
그 수단만은 후배에게 물려주지 않고 고이 간직하고 있답니다.

정전과 고양이

전기가 나갔습니다.

늦은 오후, 우박과 함께 불어제친 강풍은 가지와 잎들을 그리고 전기마저 떨어뜨렸습니다. 당연히 금방 복구될 거라고 생각했습니다. 그랬었고 또 그래야만 하니까요.

복구 차량이 사이렌을 울리며 달려왔습니다. 올버니성당 근처에 전기를 통제하는 시설이 있거든요. 하지만 이번에는 쉽사리 전기가 들어오지 않았습니다.

뭔가 낌새가 좋지 않았습니다.

저녁때가 되자 작업자들이 떠났습니다. 밥 먹으러 다녀오려니 했는데... 그건 착각이었습니다.

식사 시간이 아니라 퇴근 시간이었던 겁니다.[14]

---

14 이웃집에 있던 자가 발전기가 생각났습니다. 어쩐지...

전기가 없으니 저녁 준비를 할 수가 없었습니다. 휴대용 가스레인지라도 사 놓을 걸...

배고픔은 참을 만했습니다. 해가 떨어지자 기온이 급격히 떨어졌습니다. 영하 20도의 추위가 집 안으로 쳐들어오는데 속수무책이었습니다. 전기가 없으니 당연히 보일러도 정지였습니다. 씻지도 못한 채 서둘러 잘 준비를 했습니다.

커튼을 치려다 내다 본 세상은 온통 밤이었습니다. 사방으로 불빛 하나 없었습니다. 검은 밤이 어색했습니다. 밤은 원래가 깜깜한 건데 말이죠.

아래층에서 촛불을 가지고 올라왔습니다. 미사 시간 말고 촛불을 켜본 적이 얼마 만인지...

어렸을 때 정전이 되면 난로 주위에 가족이 모여 라면을 끓여 먹던 생각이 났습니다. 아... 배고파.

인터넷도 끊기고 끝내 휴대폰마저 배터리가 바닥났습니다.

할 일도, 할 수 있는 일도 없었습니다.

정전으로 모든 게 정지되었습니다.

'밖에서 본' 미국과 '안에서 산' 미국은 차이가 컸습니다.

사람도 그렇잖아요. 가까워질수록 생각지도 못한 장점을 발견하기도 하고 때론 기대에 어긋나 실망하기도 하고…

누구나 공功과 과過가 있기 마련이니 공만으로 혹은 과만으로 판단하지 말 것을 다시금 생각했습니다. 아울러 '공 안의 과'와 '과 안의 공'을 들여다볼 줄 알게 되기를 청했습니다.

날이 밝아 아침이 되었습니다(내복 두 벌 껴입고 고양이 끌어안고 잤습니다). 여전히 전기는 들어오지 않았습니다. 하필이면 중요한 메일이 오기로 한 날인데… 조바심이 났습니다.

궁여지책으로 차고에 가서 자동차의 시동을 켜고 휴대폰을 충전했습니다. 전원이 들어오자 마음이 좀 풀렸습니다. 메일을 확인하고 사제관으로 들어왔습니다.

아 이런… 있어야 할 고양이 두 마리가 없지 뭡니까? 제가 급한 마음에 현관문을 열고 나간 모양인데 요놈들이 쌍으로 탈출을 감행한 겁니다. 사제관 안팎을 아무리 둘러봐도, 불러봐도 증발한 물처럼 찾을 수가 없었습니다.

전기도 나가고 고양이도 나가고 제 정신도 나갔습니다.

고양이는 개와 달리 집을 못 찾아온다잖아요. 숱하게 봐온 로드킬 장면은 왜 떠오르는지… 사제관 근처에 자주 출몰하던 개만 한 너구리가 상상의 이빨을 내밀었습니다.

개들은 집 나가면 개고생인 걸 알 리가 없죠. 춥고 배고픈데다 위험하기까지 하고... 그래서 길고양이들의 수명이 집고양이의 반도 안 되는 건데... 파리와 어묵이를 부르며 성당 주위를 몇 바퀴나 돌았는지 모릅니다.

주차장 인근 풀숲에서 반짝이는 눈빛을 발견했습니다. 어묵이었습니다. 웬수 덩어리는 자기 잘못을 아는지 저와 눈이 마주치자 사제관으로 냅다 튀었습니다.
붙잡아 놓고는 볼기짝을 한 대 갈겼습니다.
다시 수색하던 사이 파리도 어느새 돌아왔습니다.

어묵이와 파리

주인 속을 태운 벌은 목욕입니다.
평소보다 더 빡빡...

'하느님께서도 나를 잃어버리면 이런 심정이시겠지?'
정신없이 고양이를 찾아다니다가 든 생각입니다.
전선이 끊어지면 정전이 되듯 은총의 배선이 끊어지지 않아야 한다는 것을, 가지가 나무에 달려있어야 하듯 하느님께 붙어있어야 한다는 것을 다시금 깨닫게 된 아침나절입니다.
(전기는 20시간 만에 들어왔습니다)

스나이더 부부

올버니성당에 부임한 지 두 달쯤 지났을 때의 일입니다.

점심을 먹고서는 평소대로 인근 공원으로 걸으러 나갔습니다. 원래는 공원을 크게 두 바퀴 돌아야 하는데 그날따라 게으름이 도져서 한 바퀴만 돌고 성당으로 돌아왔습니다.

차고에 주차를 하고 나오는데 성당 주차장으로 낯선 차가 들어왔습니다. 이곳에 온 지 얼마 되지 않았어도 성당이 작아서 교우들의 차를 거의 다 기억하거든요.

그런데 차뿐만 아니라 차에서 내린 사람도 낯설었습니다.

"당신이 이 성당의 신부요?"

그 낯선 미국인이 소리쳤습니다. 당황스럽게도 영어였습니다. 말이 안 되는 상황입니다. 하필이면 그와 동시에 성당에 도착해서 못 들은 척 피할 수도 없었습니다.

아 이런, 외나무다리가 언어에도 있다니…

신부라고 했더니 제게로 성큼성큼 다가왔습니다.
겨울인데도 반팔차림이었고 팔뚝의 문신 위로는 기름이 덕지덕지 묻어있었습니다.
불안했습니다. 머리는 경보를 울려댔고 온몸의 근육은 잔뜩 긴장했습니다. 여차하면 뛰어야 했습니다. 그렇지만 불행히도 사람보다 느리다는 총알은 들어본 적이 없습니다.[15]

마주 선 그가 '스나이더 씨를 아느냐'고 물어왔습니다.
당연히 알지요. 얼마 전 부인인 공 마리아 씨와 함께 오랜만에 성당에 오셨거든요. 그래서 '그 부인까지 잘 안다'고 했습니다.
그랬더니 자기가 사위라며 그분들의 사진을 보여주었습니다. 그제야 경계심이 사라졌습니다.

그는 겉보기와는 달리 공손히 두 손을 모으고 장모님이 병원에 입원하셨다고 또박또박 설명했습니다. 덧붙여 신부님이 방문하시면 깊은 감동을 받을 것이라고 했습니다. 그것이 일하다 말고 성당으로 달려온 이유였습니다.

---

15 미국에서 사람들에게 자동소총을 난사하는 것을 바로 앞에서 목격한 적도 있습니다.

마리아 할머니가 훌륭한 사위를 얻었다는 생각이 들었습니다. 당연히 '오늘 안으로 찾아뵙겠다'고 약속했습니다.

그가 떠난 후, 새로운 긴장이 시작되었습니다. 약속대로 가기는 가야겠는데 미국에서 병원 방문은 처음이거든요.

부끄러운 고백이지만 주유소에서 처음으로 혼자 기름 넣고 계산했을 때 얼마나 뿌듯했는지 모릅니다. 그뿐인가요, 대형마트에서 도움 없이 장을 봤을 때에는 스스로가 대견하기까지 했습니다.

하는 수 없이 청년 야고보에게 SOS를 쳤습니다.

야고보는 (어디선가 누군가에 무슨 일이 생기면 엄청난 기운이 생긴다는) '짱가'처럼 달려왔습니다.

양떼를 돌보러 미국까지 왔건만 양의 보살핌 없이는 아무것도 못 하는 초보 양치기가 바로 저였습니다.

병원으로 가는 차 안에서 지난 12월 30일을 회상해 보았습니다. 그날은 우리 성당의 주보인 성가정 축일이어서 저녁 미사와 송년회가 있었습니다. 미사를 드리기 전, 낯선 노부부가 앉아 계시기에 다가가 인사를 드렸습니다.

그분들이 바로 스나이더 부부였습니다.

반갑게도 제가 보낸 성탄카드를 받고 몇 년 만에 성당에 왔다고 했습니다. 성당 공동체가 크지 않아 모든 가정에 성탄카드를 썼거든요.

그날 두 분은 미사뿐만 아니라 송년회에도 참석했고 오랜만에 교우들과 함께 즐거운 시간을 보냈습니다.

송년회가 한창일 때 스나이더 씨는 제게 다가와 지갑에서 아주 오래된 사진을 꺼내 보여주었습니다. 젊고 예쁜 여성이었습니다. 누구냐고 물으니 아가씨였을 때의 부인이라고 했습니다.

세상에... 부인 사진을 넣고 다니는 할아버지는 처음입니다.

사진만이겠습니까? 부인에 대한 애정도 마음속에 고이 간직해 왔겠지요.

그것이 불과 3주 전의 일입니다.

병실에서 만난 마리아 할머니는 몹시 쇠약해진 나머지 앉지도 못했습니다. 간호하는 할아버지도 성당에서 보았을 때와는 달리 많이 수척해 보였습니다.

다만 변하지 않은 것이 있다면 부부의 애정이었습니다. 기도드리는 내내 서로 꼭 잡은 손을 놓지 않았으니 말입니다.

병자성사를 마치고 떠나려는데 병실 밖으로 따라 나온 스나이더 씨가 저에게 부인의 절박한 상황을 설명했습니다. 그러다가 끝내는 참았던 눈물을 흘렸습니다. 비록 그 사연을 다 알아듣지는 못했지만 그 마음만은 분명히 알 수 있었습니다. 참으로 애절한 감동이었습니다.

며칠 후 사위에게 전화를 걸어 장모님의 근황을 물으니 다행히 고비를 넘기고 퇴원하셨답니다. 그러나 여전히 건강은 안 좋다고 했습니다. 어서 건강해져서 평소처럼 할아버지와 손잡고 평화로이 산책도 하고 성당도 나오기를 청했습니다.

하지만 제가 한국으로 돌아올 때까지도 기력을 회복하지 못했습니다. 안타깝게도 송년 미사에 참례한 그날이 성당에 온 마지막이었습니다.

한국으로 돌아 온 지금도 가끔씩 함께 찍은 사진을 꺼내보며 건강하시길 기도합니다.

이한주 야고보는 허정윤 베르다와 성당에서 혼인을 했습니다.
미국에서 사는 동안, 특히 코로나 시기에 둘에게서 받은 위로와 휴식은
너무너무 고마웠습니다.
저에게는 예수님 같은 존재였습니다.

페루박 신부

미국에 부임한 지 석 달이 조금 지나서 백일 휴가를 갔습니다. 박경환 신부와 같이 떠났습니다.

2년 전부터 그와 짝을 이루어 페루에 선교사로 나가려 했습니다만 주님의 뜻이 아니었는지 저만 미국으로 발령이 났습니다. 그래서 아쉽고 미안한 마음에 박 신부가 페루에 입국하는 첫 여정에 동행한 겁니다.

시꾸아니Sicuani 교구가 박 신부가 사목할 곳인데 수도 리마에서 비행기를 타고 한 시간, 다시 자동차로 세 시간이 걸렸습니다.

그 교구의 관할 지역은 강원도 정도의 넓이고 신자는 20만 명이 넘습니다. 하지만 신부는 겨우 18명인데 그나마 10명은 외국에서 파견되었습니다.

남미는 전부 가톨릭 국가인 줄로만 알았습니다. 그러나 가서 보니 꼭 그렇지만은 않았습니다.

현지에 도착해서 먼저 베드로 주교님을 찾아뵙고 인사를 드렸습니다.[16] 주교님은 사제성소 육성에 힘을 쏟고 계셨는데 신학생들이 학교 졸업을 앞두고 자꾸만 그만둔다며 한탄하셨습니다.

사제의 부족은 신앙의 기근과 직결됩니다. 앞으로 세계적으로도 이 문제가 더 심각해질 것을 생각하면 참 걱정입니다. 제가 파견된 미국 올버니교구만 해도 현역 신부님이 80명인데 비해 은퇴 신부님은 92명이었습니다(2016년의 상황입니다).
기우는 배는 일으켜 세우기가 어렵습니다.

교구청에서 하루를 묵고 이튿날 아침, 우리 교구 이용규 신부님이 사목하는 마랑가니Marangani 성당을 방문하려고 택시 정거장에 갔습니다.
그 동네 택시라는 것이 무조건 합승입니다. 승객이 다 채워지지 않으면 절대 떠나지 않았습니다. 소형차인데도 조수석에 한 사람, 뒷좌석에 네다섯 사람, 그 뒤 트렁크를 개조한 자리에 두 사람이 타야만 출발합니다. 그리고 아무 데나 가지도 않습니다. 택시마다 목적지가 이미 정해져 있으니 그냥 말만 택시였습니다.

---

16 그분을 한국에서 뵌 적이 있는데 저에게 "함께 일하자"고 하셨습니다.

저와 박경환 신부(이하 페루박 신부^^)는 뒷자리에 앉았는데 옆에 아이와 엄마, 할머니가 탔습니다. 녀석은 일곱 살, 앞니가 홀랑 빠진 개구쟁이였습니다. 비좁고 덜컹거리는 택시 안에서 우리는 금방 친해졌습니다.

페루박 신부가 조금 아는 스페인말로 이런저런 대화를 시도했습니다. 그러나 입보다는 손과 발을 훨씬 많이 썼습니다. 아무튼 덕분에 목적지까지 즐겁게는 갔습니다만 언어 때문에 고생할 앞날이 훤했습니다.

마랑가니성당에서 11시 주일 미사를 드리고 교구청으로 돌아왔습니다. 저녁 때가 되어 주교님과 식사를 하는데 당신이 집전하는 저녁 미사에 같이 가자고 하셨습니다.

주교관에서 대성당까지 이동하는데 주교님께서 손수 운전을 하셨고 민망하게도 저희는 뒷자리에 앉았습니다. 한국에서는 있을 수 없는 일이라 부담스러웠습니다. 그러나 주교님이 기사이고 저는 상석에 앉았다는 것이 그리 싫지만은 않았습니다.

대성당은 대단히 고풍스러운 건물이었습니다. 하지만 미사를 다시 드리게 된 것이 오래되지 않았답니다. 너무 낡고 위험해서 성당에 들어가지도 못했기 때문입니다. 무려 13년 동안이나 말이죠.
지금은 말끔히 보수를 하여 매 주일 저녁 미사를 주교님이 주례하십니다.

성당 입구에서 구걸하는 장애인 아저씨가 눈에 띄었습니다. 주교님과도 스스럼없이 대화를 하는 것을 보아 매 주일 같은 시간에 오는 듯했습니다.
아직 이른 탓인지 바구니에 동전이 적었습니다.

시작 성가와 함께 주교님과 입당하는데 제단 앞 한구석에 아까 그 구걸하던 아저씨가 보였습니다. 놀라웠습니다. 성당으로 구걸하러 오는 사람들은 많았지만 한 명이라도 성당에 들어와 기도하는 것을 본 적이 없었기 때문입니다.

아저씨는 다리가 불편해 일어설 수가 없는 분입니다. 그래서 신자석에 앉지 못하고 구석진 바닥에 앉아서 미사에 참례했습니다. 그러나 맨 뒤가 아니라 맨 앞이었습니다.

　미사 시간 내내 아저씨 쪽으로 자꾸만 시선이 갔습니다. 기도하는 모습이 너무나 경건했기 때문입니다. 봉헌 시간에도 그 몸을 끌고 나와 공손히 바쳤습니다. 구걸한 돈을 말이죠. 그 모습을 보고는 자꾸만 눈물이 났습니다.

　미사 후 성수 축복이 있었는데 그곳에서는 아주 중요한 예식이었습니다. 원래는 주교님이 하신다는데 페루박 신부에게 시키셨습니다.

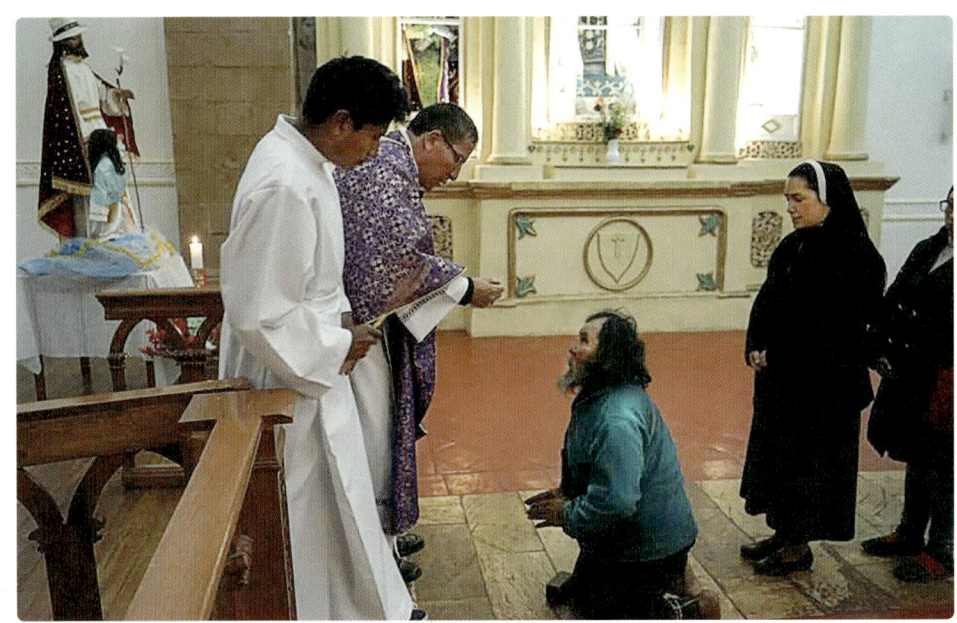

교우들은 성수 축복을 받기 위해서 앞으로 몰려나왔습니다. 특이하게도 신자들은 성수를 몇 방울이 아니라 잔뜩 뿌려주기를 원했습니다. 큰 선물을 받으러 나오는 것처럼 즐거워해서 바가지로 뿌려야 할 듯했습니다.

많은 사람들 틈바구니에서 낯익은 꼬맹이가 웃고 있었습니다. 아침에 택시에서 만났던 그 '앞니 빠진 중강새'였습니다.

하하하하, 여기서 또 만나다니... 너무 반가운 나머지 꼬옥 끌어안고는 하늘로 몇 번씩이나 들어 올렸습니다. 우리가 다시 만날 줄은 꿈에도 몰랐을 고 녀석을 말입니다.

녀석은 성당을 나가면서 자꾸만 우리 쪽을 돌아보았습니다.
우리도 손을 흔들었습니다.
다시 만나면 노래를 하나 알려주렵니다.

앞니 빠진 중강새 우물가에 가지 마라 ♪
붕어 새끼 놀란다 잉어 새끼 놀란다 ♪🎵

박 신부는 빗길에 차가 전복되는 사고를 당했습니다.
같이 가자고 꼬셔놓고 형은 미국으로 빠지고 자기만 고생길 열어놓았다고
원망할까봐 단숨에 달려갔습니다.
맙소사, MRI 사진 속의 척추는 두 군데나 함몰되었습니다.
다행히 건강을 회복하고 선교지에서의 마지막 해를 보내고 있습니다.
부디 소임을 무사히 마치고 건강하게 돌아와주기를...

모퉁이의 빛 Rincon de Luz

　미국에 있는 저에게 한국으로부터 전화가 왔습니다. 십일조를 맡길 테니 쓸 곳을 찾아 달라는 내용입니다.
　금액이 적지 않았습니다. 가게를 하는데 이익이 아닌 매출의 10%를 봉헌하는 그의 마음이 갸륵했습니다.

　페루박 신부에게 연락해서 요긴히 쓸 곳이 있냐고 물었더니, "사실은 안 그래도 형한테 이 얘기를 해야 하나 말아야 하나 고민 중이었는데 잘 됐어요. 제가 볼리비아에서 어학연수를 했을 때 자주 가는 곳이 있었어요. 가난한 아이들을 위한 방과후학교예요. 쌈짓돈 털어서 맛난 것 사주고 같이 놀곤 했거든요. 그런데 재정이 너무 열악해서 학교를 못 여는 해도 있었다는 거예요. 가난한 부모님 밑에서 태어난 것도 서러운데 배움의 기회도 불공평한 건 너무하잖아요. 헤어지는데 그 애들이 울면서 가지 말라고 했어요. 지금도 생각만 하면 마음이 아프고 애들이 눈에 밟혀요.

형도 한번 가 보면 얼마나 도움이 필요한지 금방 알 거예요. 거기 도와주면 좋겠어요."라고 했습니다.

음... 아무래도 그의 기도가 하늘에 닿은 모양입니다.

이듬해 페루박 신부와 함께 볼리비아의 그 학교, 린콘 데 루스를 찾아갔습니다. 교문으로 이어진 담벼락은 온통 예쁜 그림으로 가득했습니다.

그림의 안내로 학교에 들어서자 아이들이 페루박 신부님을 보고는 우르르 달려들어 껴안고 난리였습니다. 그 모습을 보면서 그가 왜 주저없이 린콘 데 루스를 도와야 한다고 말했는지를 알 수 있었습니다. 아름다운 감동이었습니다.

교장 선생님 마르코Marco가 학교를 시작하여 지금까지 이어온 사연에 대해 설명했습니다.

1999년, 공립 학교의 한 선생님이 가난한 아이들을 위해 공부방을 열었습니다. 부모님이 맞벌이를 하다 보니 아이들이 숙제를 안 해왔습니다. 그것을 보다 못한 선생님이 발 벗고 나선 것이 학교의 시작입니다.

처음에는 가르칠 장소가 없어서 주차장 한 귀퉁이가 교실이었습니다. 그러다가 건물을 임대하기는 했지만 주인이 나가라면 언제든지 쫓겨나야 하는 불안한 신세였습니다.

하지만 뜻이 있으면 길이 있다고 했던가요? 이태리 가톨릭 단체의 지원으로 건물을 구입해서 지금에 이르렀습니다. 그러나 건물만 있다 뿐이지 학교를 운영하기에는 늘 쪼들리는 형편입니다.

현재 총 학생은 67명이고 연령대는 4세부터 18세까지입니다. 오전 2개 반과 오후 3개 반을 선생님 4명이 맡고 있습니다.

학교를 운영하는 데에는 건물 유지비, 직원 월급, 학생 급식비 등등을 포함해서 한 달에 2700불(320만 원)이 듭니다. 선생님의 월급이 150불(18만 원)이기에 가능한 액수입니다. 교사 중에 수녀님이 두 분 있기는 하지만 이 말도 안 되는 봉급은 선생님들이 어떤 수준의 희생과 헌신을 하고 있는지를 알게 해줍니다.

운영비의 절반은 학생들이 내는 학비이고 나머지 반은 후원으로 충당합니다. 후원이 부족하면 빚을 져가면서까지 학교를 이어왔고 어떤 해는 재정 문제로 인해 학교 문을 닫기도 했습니다.
　린콘 데 루스Rincon de luz라는 학교 이름은 '모퉁이의 빛'이라는 뜻입니다. 빛이 들어오려면 전기가 있어야 하지 않겠어요?
　사랑의 플러그를 꽂기로 마음 먹었습니다. 가난 때문에 배움이 멈추지 않도록, 운영비 걱정 없이 가르칠 수 있도록 말입니다.

팬데믹 동안 학교 문을 닫아야 했습니다.
대부분 일용직 노동자인 부모들은 일자리를 잃었습니다.
하루벌이가 없으니 하루양식도 없습니다.
착한 선생님들은 생필품을 사 들고 학생들을 찾아갔습니다.

적선여경 積善如慶

불가촉천민不可觸賤民인 달리트!

브라만·크샤트리아·바이샤·수드라로 구분 짓는 카스트 계급에 조차 들지 못하는 사람들입니다. 말 그대로 일반인과 어떠한 접촉도 해서는 안 됩니다. 부정을 탄다고 여겼으니까요. 당연히 같은 우물물을 마셔도 안 됩니다. 우물이 오염되니까요. 상위 계급과 피부라도 스치는 날에는 죽임을 당하기까지 했습니다.

지금은 법으로 금지한 카스트 제도이지만 인도와 그 주변 국가의 저변에는 여전히 뿌리 깊이 존재합니다.

8000m 히말라야가 보이는 네팔의 산골 학교에 다녀왔습니다. 거기서 200여 명의 다람쥐 같은 아이들과 만났습니다. 하늘의 별들이 내려앉은 양 눈망울이 초롱초롱했습니다. 같이 웃고 춤추고 노느라 정신이 팔려서 정작 간 목적인 컴퓨터 교실과 도서관은 뒷전이었습니다.

　그 애들의 90%가 불가촉천민입니다. 부정 탄다니 참 웃기죠. 함께 놀면서 덩달아 순박해지고 선량해졌는데 말입니다.

　하지만 가난은 어쩔 수 없는 카스트의 슬픈 잔재입니다. 한 시간쯤은 보통으로 학교에 오가는 아이들인데 배고픔을 달고 삽니다. 아픈 게 아니라 먹지 못해서 우는 제자들을 보다 못한 선생님들이 팔을 걷어붙였습니다. 마련한 것은 비록 우유 한 잔과 비스킷 몇 조각이지만 학생들은 허기짐을 면할 수 있었습니다.

　그렇게 전교생을 먹이는 비용이 400불(48만 원)입니다. 하루가 아니라 한 달에 400불입니다. 300불(36만 원) 남짓의 월급을 받는 선생님 열 명이 십시일반 모아서 감당하는 귀한 돈입니다. 그 사연을 들으며 감동만이 눈물과 미소를 동시에 짓게 한다는 걸 알았습니다.

진리는 불변하지만 사람은 필변해야 한다고 배웠습니다. 변하지 않는 것은 사랑이고 그 사랑으로 사람이 변합니다. 그리고 사랑은 남을 바꾸기 전에 먼저 나를 변화시킵니다.

저는 '돕는 즐거움'이란 꿈을 꾸고 살아 왔습니다. 이곳에서 아끼고 모은 돈이 가난한 나라에 가 닿으면 생기는 혜택과 기회를 알기 때문에 희생을 감수할 수 있었습니다. 돕고 싶은 곳은 다 도울 수 있었고 그 때마다 기쁨으로 전율했습니다.

과연 선을 쌓는 것은 잔치와 같습니다 積善如慶.

꿈을 꾸는데 돈이 들지는 않습니다. 그러나 가난이 꿈을 꺼뜨릴 때가 있습니다. 꿈이 꺼지지 않도록 도와준다면 얼마나 고귀한 일일까요?

물론 돈을 번다는 것은 가혹한 일입니다. 우리 어느 누구도 정승처럼 버는 사람은 아무도 없습니다. 오죽하면 직장을 전쟁터라고 하겠습니까? 그렇게 번 소중한 돈, 씀씀이도 소중해야 하지 않을까요?

'개처럼 벌어서 정승처럼 쓰라고 했는데, 개처럼 버는 건 누구나 알려주지만 정승처럼 쓰는 건 아무도 가르쳐주지 않는다.'
돈을 그린 일랑 이종상 선생님이 해주신 말입니다. 그리고 선생님은 사람에는 귀천이 없어도 돈에는 분명 귀천이 있다고 하셨습니다. 그렇지요. 유흥비 100만 원과 장학금 100만 원은 같을 수가 없으니까요.

누가 귀한 사람이고 누가 천한 사람입니까? 이 또한 돈을 어떻게 버느냐가 아니라 어떻게 쓰느냐에 달렸지 않을까요? 정승처럼 쓰느냐, 개처럼 쓰느냐.
사람은 마음을 펴고 손을 펴고 살아야 합니다. 그래야 편합니다. 예수님께서 손에 못 박히신 것도 분노로 말아쥐지 말고, 욕심으로 움켜쥐지 말라는 의미가 아닐는지요.

아이들만 꿈을 꾸는건 아닙니다. 사람은 누구나 꿈쟁이니까요. 꿈이 나를 인도해줍니다. 그 꿈, 밤에 꾸지 말고 낮에 꿉시다.

그리고 그 꿈자락 하나에 베푸는 꿈도 달려 있기를 바랍니다.
진짜 꿈은 무엇이 되는 것이라기보다 무엇을 하는 것입니다.
나눌 마음을 지니고 살다 보면 자연히 쓸 곳이 보입니다.
건네십시오. 헌혈하듯 말입니다. 누군가는 살아납니다.
지구는 우리가 잠시 세 들어 사는 곳입니다.
좋은 흔적 남기고 가야 하지 않겠어요?

그가 만난 네 사람

그날은 봄이 온 금요일입니다.[17]

봄맞이 낚시를 하고 성당으로 돌아온 저는 올해도 어김없이 성모상 앞에 꽃을 심고 있는 대건 안드레아 형제님과 마주쳤습니다.

땅에 심은 것은 꽃이지만 그걸 보는 사람의 마음에는 흐뭇함을, 얼굴에는 미소를 심은 거죠. 당연히 가장 기쁘셨을 분은 성모님이시고요.

신부는 놀다 오는데 신자는 땀 흘리고 있으니 쑥스러웠습니다. 괜히 한국 청년 한 명을 못 보셨냐고 형제님에게 말을 걸었습니다.

---

17 저는 뉴욕 주 북부에 살았는데 겨울이 너무나 지겹고 싫었습니다. 추위는 혹독하고 2층에서 뛰어내려도 괜찮을 만큼 눈이 옵니다. 「나 홀로 집에」를 보신 분은 대략 짐작하실 수 있을 겁니다. 겨울만 되면 집안에 갇혀 있으니 자살율과 살인율이 급증해서 캐빈 피버cabin fever라는 말이 있을 정도입니다. 게다가 코로나 시기의 겨울은 어휴, 생각만 해도 끔찍합니다. 그러니 봄이 얼마나 반가웠겠어요.

방금 성당으로 오는 길에 근처에서 낯선 젊은이를 봤는데 한눈에도 한국인이었거든요.[18]

형제님은 안 그래도 누군가 좀 전에 오기는 왔다고 했습니다. 이 근처 어딘가로 입단 테스트를 받으러 한국에서 온 야구선수랍니다. 초행길에 무작정 성당을 찾아왔는데 도움을 받지 못해 일단 숙소를 구하러 떠났다고 했습니다.

성당에 온 나그네를 그냥 보낼 수가 없어서 차를 급발진하여 달려가니 정류장에서 서성이는 그 청년이 보였습니다. 다행히도 버스보다 제가 빨랐습니다. 납치하듯 그를 데리고 성당으로 돌아왔습니다.

그의 이름은 최성민, 뉴욕 주의 야구 독립 리그에 입단 테스트를 받으러 왔습니다. 하지만 성의 없게도 참가 신청을 받은 주최 측에서는 야구장 주소만 알려줄 뿐 그 이외의 어떤 정보도 제공하지 않았습니다. 그래서 비행기로 뉴욕으로 입국한 뒤 일단 이곳 올버니까지 기차를 타고 왔습니다.

올버니에는 아는 사람이 한 명도 없었습니다. 그도 그럴만한 것이 올버니가 뉴욕의 주도州都이기는 하지만 세 시간만 운전하면 캐나다와의 국경에 닿는 변방 도시거든요.

---

18 미국인들은 중국인·일본인·한국인을 절대 구분하지 못하지만
　　우리끼리는 금방 알 수 있습니다

영어도 썩 잘 하지 못하는 그가 용감한 건지 무모한 건지 도무지 알 수가 없었습니다.

그건 그의 사정이고 본당 신부인 저로서는 뭔가 예사롭지 않았습니다. 주일이 아니고는 매일같이 텅 빈 성당인데 나그네가 찾아온 것은 처음 있는 일입니다. 그리고 그가 온 그 날, 아니 그 시간에 하필이면 누군가 꽃을 심으러 왔습니다.
우연일까요? 적어도 제게는 아니었습니다.

예고 없던 손님인지라 무엇을 해 먹을까 고민하는데 그가 김밥이 있다고 했습니다. 오늘 오전 뉴욕의 지하철, 그 복잡한 곳에서 헤매는데 한국인 노부부가 친절하게 길을 알려주시더랍니다. 고맙다고 했더니 감사는 하느님께 드리라고 하셨대요. 반가운 마음에 자기도 요한이라고 했더니 김밥을 한 줄 더 챙겨주셨답니다. 아마 당신들 점심이었겠지요.

웃음이 났습니다. 서울이라면 그럴 수도 있는 일이지만 뉴욕이라면 얘기가 달라집니다. 이 청년은 정말 계획도 대책도 없이 미국 땅을 밟았지만 하느님은 마련해 놓으신 것들이 있다는 것이 분명했으니까요.

얘기를 좀 더 나누다 보니 이 친구는 무늬만 요한이지 성당에 안 다닌 지 오래되었습니다. 그런데 장발장도 아닌 그가 사제관에서 하루를 묵는다니...

생각해보세요. 사람은 염치라는 게 있잖아요? 냉담자 신분으로 성당에 도움을 청하러 오기는 쉬운 일이 아닙니다.

그런데 역시나... 뒤에 어머니가 계시더군요. 우선 성당부터 가보라고 하셨다는 겁니다. 아들에게는 딱히 갈 곳이 없어서 찾은 성당이지만 어머니에게는 거기가 믿는 구석이었습니다.

그러면 그렇지, 그냥 이루어지는 일이 어디 있겠습니까?

이튿날, 그를 데려다 주러 길을 나섰습니다. 목적지는 입단 테스트가 열리는 타퍼 레이크Tupper Lake[19], 내비게이션에 의하면 3시간이 소요될 예정입니다. 먼 길을 가면서 야구와 삶에 대해 이런저런 이야기들을 나누었습니다.

그런데 아뿔싸, 이야기에 몰입한 나머지 고속도로 출구를 놓쳤습니다. 도착 시간이 한참 늦어졌습니다. 다행히 집결 시간이 따로 정해진 건 아니라고 했지만... 그래도 너무나 미안했습니다.

테스트를 받아야 하는 그는 열네 시간이나 비행기를 타고 왔습니다. 보통 시차 한 시간을 적응하려면 하루가 걸린다는데 한국

---

19 타퍼 레이크는 시골입니다.
   믿기지 않겠지만 거기로 가는 길은 휴대폰조차 안 터집니다. 대신 속이 터지죠.

과 뉴욕은 시차도 열네 시간입니다.

무엇보다 투수인데도 며칠 동안 공을 못 던진 상태입니다. 사흘 연습을 안 하면 관중이 알고 이틀 안 하면 포수가 알고 하루 안 하면 본인이 안다고들 하는데...

게다가 진작부터 그에게서는 감출 수 없는 불안감이 배어나왔습니다. 미안한 마음에, 그리고 위로가 될까 싶어서 제가 좋아하는 영화 대사를 말해주었습니다.

"잘못 탄 기차가 목적지에 데려다 줍니다."[20]

그러나 야구장이 가까울수록 연신 배를 문질러 대는 걸 보니 제 말이 위로가 되지는 않은 모양입니다.

도착한 야구장은 호숫가에 있었습니다. 독립 리그라 그런지 프로 리그와는 사뭇 다른 규모의 야구장입니다. 규모야 그렇다 쳐도 사무실이 잠겨 있었습니다. 최 선수가 담당자와 연락을 시도했지만 전화마저 불통입니다.

난감했습니다. 저는 저대로 주일이 내일이어서 되출발해야 하고 그는 그대로 또다시 낯선 곳에 내던져진 상태가 되어야 했습니다.

앞날이 창창할 나이인데 상황은 앞이 캄캄했습니다.

---

20 「런치박스」라는 인도 영화입니다.

답답한 마음으로 야구장 주위를 서성이는데 저쪽 벤치에 슬리퍼 차림의 미국 청년이 눈에 띄었습니다.

지푸라기라도 잡는다죠? 가서 얘기해보니 그 역시 입단 테스트를 받으러 온 처지였습니다. 캘리포니아에서 왔다더군요. 우리 최 선수가 한국에서 왔다고 하니 놀라워했습니다. 그가 중요한 정보들을 알려주었습니다. 그것만 해도 정말 고마운데 그는 최 선수에게 자기 숙소에서 함께 머물자고 했습니다. 지푸라기인 줄 알았는데 튼튼한 동아줄이었습니다.

그가 머문다는 모텔로 함께 갔습니다. 야구장에서 가까웠습니다. 하지만 처음 보는 미국인인데 방을 같이 쓴다는 것이 마음에 걸려서 제 신분을 밝혔습니다.

혹여나 최 선수와 동행한 제가 천주교 신부라고 하면 조금은 나아질까 싶어서였습니다. 아, 그랬더니 이 친구가 자기도 '로만 가톨릭'이라는 겁니다. 그게 다가 아닙니다. 이 도시에 오자마자 성당을 찾아 돌아다녔다는 겁니다.

웃음이 났습니다. 한국이건 미국이건 낯선 도시에서 성당부터 찾아 기도하는 귀한 젊은이를 만난다는 게 어디 쉬운 일입니까?

최 선수는 작게는 숙소 문제를 해결했고 크게는 캐치볼이라도 할 동료가 생겼으며 아주 크게는 정을 붙일 친구를 만났습니다.

만일 고속도로에서 출구를 놓치지 않고 제 시간에 도착했다면 그 미국 친구를 만난다는 보장은 못합니다. 그래서 말했습니다.

"거 봐요, 잘못 탄 기차가 목적지에 데려다 준다고 했지요?"

타퍼 레이크를 떠나오는 마음이 한결 가벼워졌습니다.

집에 돌아와서 즉시 요한과 콜린을 위해 미사를 드렸습니다.

아, 그 미국 친구가 콜린입니다. 딱히 입단 테스트에 붙게 해달라고 기도하지는 않았습니다. 될 일은 어떻게든 되고 안 될 일은 어떻게 해도 안 되잖아요. 그리고 딱 봐도 이번 건은 그냥 될 일입니다. 잘될 일만 남은 거죠.

나흘 동안의 테스트 후 연락이 왔습니다. 합격이라더군요.

콜린은? 역시나 합격이라더군요.

소식을 전하는 그의 목소리가 밝았습니다.[21]

최 선수가 만난 사람들을 떠올려 봅니다.

뉴욕에서 길 안내를 해준 노부부, 성모상 앞에 꽃을 심던 형제님, 재워 주고 데려다 준 신부, 그리고 친구가 된 콜린…

생각만 해도 다시 웃음이 납니다.

역시 하느님은 참 좋고 재미있는 분입니다.

이제는 그가 고마움을 던졌으면 좋겠습니다.[22]

---

21 그 뒤로도 몇 차례 최 선수를 응원하러 야구장으로 갔습니다.
    신기합니다. 제가 그렇게 크게 응원할 줄이야.
    그리고 그보다 더 큰 소리로 심판을 비난할 줄이야.
    "그게 볼이라고? 이봐 심판, 정신 차려!"
    설마 제가 한 말은 못 알아들었겠지요?

22 현재 최 요한은 서울 삼전역 인근에서 'SM아트베이스볼'이라는
    아카데미를 운영합니다.

브래지어 한 신부님

김기수 신부님이라고 아세요? 휴대폰으로 검색해보세요. 정말 좋은 분입니다. 비단 위험한 곳에서 불가능한 일을 해왔기 때문만은 아닙니다. 실제로 만나면 소년 같고 선비 같습니다.

신부님과 운전은 뗄 수 없는 관계입니다. 월남전에서 운전병, 이란에서 트럭운전사, 미국에서도 트럭운전사였으니까요.

세례는 뒤늦게 미국에서 받았는데 그 이유가 교제하던 분이 천주교 신자였기 때문입니다. 그러나 결혼 대신에 프란치스코회 수사 신부님이 되었습니다. 아… 이런 걸 팔자라고 하나요?

신부님이 살아온 일련의 이 과정들은 드라마틱하게 천직天職인 해외원조로 향합니다. 개울들이 모여 강을 이루고 그 강은 바다로 흐르듯 말입니다.

늦은 나이에 사제가 된 김 신부님은 뉴욕 맨해튼에서 가난한 이들에게 빵을 나눠주는 소임을 받았습니다. 그 일을 하던 어느 날 '우리 북한 동포들은 굶어 죽는데...' 라는 생각이 불현듯 들더랍니다. 생각은 생각으로 그치지 않고 행동으로 이어졌습니다. 1998년 신부님은 비영리재단을 만들고 자금과 식량, 옷을 모아 북한으로 갔습니다.

당시 북한은 95년의 대홍수, 96년과 97년의 가뭄으로 식량난이 극심했습니다. 굶어 죽은 사람만 300만 명이었고, 실제로 신부님은 인육人肉을 먹은 사람도 만났답니다.

북한의 상황에 깊숙이 발을 들여놓은 신부님의 안테나에 중국으로 탈북한 사람들이 포착됩니다. 즉시 중국으로 건너가 꽃제비로, 노예와 노리개로 팔려 가기 일쑤인 탈북자들을 구했습니다.

당시 신부님은 속옷도 여러 겹, 양말도 여러 켤레를 신고 다녔는데 추워서가 아니라 탈북자에게 주기 위해서입니다. 심지어 브래지어도 했습니다.

북의 사람들이 경비병을 매수한 후 잠시 압록강을 건너오기도 했는데, 그럴 때면 중국에서 대기하던 신부님은 즉시 돈과 옷을 챙겨서 국경으로 향했습니다. 그러나 이 일은 신앙인의 입장에서는 선행이지만 엄연히 법을 어긴 행동입니다. 불법으로 국경을 넘은 이들을 돕는 것 또한 불법이기 때문입니다.

이 때문에 중국 공안(경찰)은 신부님을 늘 감시했습니다. 그래서 신부님은 북한 사람을 도우러 압록강변으로 갈 때마다 공안의 눈을 피하려고 첩보작전을 벌였습니다. 게다가 북한군이 눈감아 주는 그 얼마 안 되는 시간 동안 북한 사람을 만나야 했기에 위험천만하게 차를 몰아야 했습니다.[23]

꼬리가 길면 잡힌다고 세 번이나 공안에게 현행범으로 체포됐습니다. 그럴 때마다 신부님은 언제나 당당하게 말했습니다.

"감옥에 넣으려면 당장 잡아넣어라!"

신부님은 늘 성경을 지니고 다녔는데 그 이유가 감옥에서 읽기 위해서였답니다. 공안으로서는 미칠 노릇이지요. 미국과의 외교 문제가 불거질까봐 감옥이라는 협박을 했는데 오히려 잡아넣으라고 하니 말입니다.[24]

결국 신부님은 중국에서 추방당했습니다. 그러자 신부님은 이번에는 두만강을 넘어오는 동포를 만나러 러시아로 들어갔습니다. 정말 못 말리는 양반입니다.

---

23 신부님이 월남 전쟁터에서 운전병이었고 이란과 미국에서 트럭운전사이었던 것이 과연 우연이기만 할까요?
24 저도 비록 출입국심사이긴 했지만 외국에서 여권을 뺏긴 적이 두 번 있는데 간이 콩알만해집디다.

"대학 다니면서 풀타임으로 계속 일했기 때문에 너무너무 멋있는 집을 하나 장만할 수 있었어요. 영국식 집인데 방이 한 10개 정도 있었죠. 땅도 무지무지하게 넓어요. 연못도 있어서 밤에 사슴이 산에서 내려와서 물 먹고 오리들이 막 내려오고 그랬어요." [25]

어떻게 마련한 그 집인데, 장가들어 알콩달콩 살 맘도 있었을 텐데 그걸 팔아 죄다 기부해버리고 사제가 되었습니다. 그리고 세상을 들었다 놨다 하는 북한에 제 집 드나들 듯 하는 이 분은 도대체 어떤 분인가요?

이렇게 전설 같은 신부님이 제가 있는 올버니성당과 인연이 있다는 것을 알고는 놀랍고 반가웠습니다. 우리 성당 초창기, 그러니까 시에나대학교의 성당에서 주일 미사를 드리던 시절에 아직 신학생이던 그분은 우리 공동체에서 밥도 먹고 교리도 가르쳤습니다. 그랬던 그분이 지금은 인근 뉴저지 주에서 농장을 한다고 들어서 찾아 뵈었습니다.

용감하면 '간이 크다'고 합니다. 만용을 부리면 '간땡이가 부었다'고 합니다. 용감무쌍하면 '간이 배 밖으로 나왔다'고 합니다. 그동안의 활약을 생각하면 신부님은 몸의 반이 간이어야 합니다.

---

[25] 「신부열전 1」 33쪽

대담하고 배짱이 두둑한 분이려니 여겼는데 직접 만난 신부님은 겸손이 몸에 밴 선비 같았습니다. 도대체 토끼의 간을 어디에 숨겨 놓은 걸까요?

　농장은 해외원조의 지속적인 자금을 확보하기 위해 운영하는데 80 에이커(10만 평)쯤 된답니다.
　신부님의 연세가 잘은 몰라도 일흔 이쪽 아니면 저쪽인데 그 큰 농사는 젊은이에게도 힘에 부칩니다. 하지만 저는 신부님이 지칠 리 없다고 여깁니다. 남을 돕는다는 것이 얼마나 신나는 일인데 그 보람 있고 만족스런 일을 어떻게 포기합니까?

영원히 살 것처럼 꿈꾸고 오늘만 살 것처럼 최선을 다하라 했던가요? 가난한 이들을 위한 꿈의 행진이 무모하면서도 거룩하게만 느껴졌습니다. 그러니 어찌 하늘이 지켜만 보시겠습니까?

10년 전에 세계 3대 난민촌이라는 키베라(케냐 나이로비 소재)에 간 적이 있습니다. 난민촌에는 치안, 복지, 의료 시설은 물론 상하수도조차 없습니다.
신부님은 조만간 아프리카 우간다의 난민촌에 우물을 파러 떠납니다. 케냐 키베라의 난민이 10만 명입니다. 그러나 우간다의 난민촌은 150만 명 규모랍니다. 도무지 상상이 안 갑니다.

물은 생명이고 샘은 젖입니다. 엄마의 품처럼 안심이고 사랑이기 때문입니다. 그 난민촌에 우물 하나를 파면 도대체 몇 명이 사람답게 살 수 있는지 우리는 가늠조차 할 수 없습니다. 그들에게 물을 내리는 화장실은 아무리 상상하려 해도 상상이 안 되는 일이듯 말입니다.

이번에도 틀림없이 하느님께서 신부님을 통해 만나와 같은 물을 내려주시리라 믿습니다.

신부님, 언제나 싱싱한 우리 신부님. 너무너무 존경하고 좋아합니다. 그리고 제 기도 목록에 늘 윗자리를 차지한다는 것쯤은 알아주셨으면 합니다.[26]

---

26 함께 신부님의 농장을 방문한 체칠리아 할머니가 이렇게 속삭였어요.
    "저 신부님한테는 돈을 드리면 안 돼요. 자꾸만 위험한 곳으로 가신다니까."
    하하하하. 김 신부님은 쉽사리 멈출 분이 아니실 걸요.

천국의 사다리

비자 연장 때문에 잠시 한국에 들어와서는 친구 현창이네 성당에 머물렀습니다. 주일 미사를 드리며 교우들에게 뉴튼수도원을 소개했습니다. '기적의 항해'가 이어지고 있는 그 수도원을 말입니다.

6.25 전쟁 때 낙동강까지 밀렸던 국군과 연합군은 인천 상륙작전으로 반격에 성공합니다. 그러나 그 파죽지세도 중공군의 인해전술에 막혀 후퇴하게 됩니다.

육로가 막힌 함경도 일대의 군인들은 바닷길로 탈출하려 흥남항으로 모였습니다. 10만 명의 군인들은 일사불란하게 배에 올랐습니다. 그러나 탈출을 원하는 것은 군인만이 아닙니다. 민간인도 구름떼처럼 모여들었습니다. 옥신각신 끝에 그 많은 군수 물자를 포기하고 민간인들을 군함에 태웠습니다.

항구에 화물선인 매러디스 빅토리호가 남았습니다. 그러나 승선을 기다리는 사람들은 여전히 많았습니다. 그 배의 선장 라루는 영하 40도의 추위와 두려움에 떨고 있는 사람들을 내려다보며 고민에 휩싸입니다.

'과연 저들을 배에 태우는 게 맞을까? 바다에는 수많은 기뢰폭탄이 설치되어 안전한 항해를 보장할 수 없다. 만에 하나 잘못되면 모두가 차디찬 바다에 수장될 텐데...'

아마도 하느님과 협상을 했겠지요? 인생을 통째로 하느님께 드릴 테니 저 사람들을 살려달라고 했겠지요?

1950년 12월 23일은 라루에게 일생一生같은 일일一日이었고 그는 서른여섯 살이었습니다(1914년 생).

라루 선장은 배에 사람을 태우라고 지시합니다. 배 위에서 사다리를 늘어뜨리자 그 많은 사람들은 천국에 닿으려는 듯 오릅니다. 고작 2000명을 태울 수 있는 배인데 무려 14000명이 탔습니다.

부산까지의 그 위험천만한 항해 동안 선장은 키를 놓지 않았습니다. 그리고 훗날 키를 잡은 것은 자기가 아니라 하느님이셨다고 고백합니다.

드디어 12월 24일, 안전하게 부산에 도착하였습니다. 그 항해 도중 5명의 아기가 태어났고, 단일로는 최다인원을 구출한 기록으로 기네스북에 등재되었습니다.

라루 선장은 '크리스마스의 기적'이 있은 지 얼마 후, 세상과 단절하고 수도원으로 들어가버렸습니다. 그리고 그곳에서 50년 동안 성물방지기로 살다가 2001년 하늘로 돌아가셨습니다.

그 라루 선장이 마리너스 수사가 되어 살고 묻힌 곳이 뉴저지주의 뉴튼수도원입니다. 수도원 안에 그분이 묻힌 묘지에 갈 때마다 저는 한국인으로서 감사의 큰절을 올립니다.

이런 내용으로 친구네 성당에서 강론을 했습니다.

미사를 마치고 성당 마당에서 교우들과 인사를 나누는데 연세가 지긋한 분이 저에게 다가오셨습니다.

"강론을 들으면서 몇 번이고 눈물을 참아야 했습니다. 열한 살이었던 제가 바로 그 배, 매러디스호에 타고 있었습니다."

감동이 벅차올라 무슨 말을 해야 할지 몰랐습니다.

"어르신, 제가 미국에 돌아가서 마리너스 수사님께 감사의 인사를 대신 전해드리겠습니다."

20여 년 전, 수사님이 사셨던 뉴튼수도원은 지원자가 없어서 문 닫을 상황에 처합니다. 그래서 '성 베네딕도회 왜관 수도원'에 인수를 요청했는데 한국에서도 난처한 고민에 빠집니다. 성소자 부족으로 어려움을 겪고 있었기 때문입니다.

그러나 인수하기로 마음을 굳힙니다. 그 결정적 이유가 마리너스 수사님 때문입니다. 그래서 지금 그곳에서는 한국 수사님들이 살고 계십니다. 그렇게 사랑빚을 갚는 거죠.

게다가 현재 마리너스 수사님은 한국인들에 의해 성인품에 올리는 작업이 진행 중이랍니다. 정말 아름다운 사연이지요.

삶은 누구나 안정적이고 편안하기를 바랍니다. 그러나 하늘에 오르는 길은 그리 쉽고 편하지 않습니다.

천국에는 엘리베이터가 없습니다. 계단을 오르고 때로는 사다리를 타야 합니다. 피난민들이 사다리를 타고 그 배에 오른 것처럼 말입니다.

그 오르막길, 우리 서로 도와주며 함께 갔으면 좋겠습니다.

첫눈처럼

경험이야말로 최고의 스승입니다. 누구나 다양한 체험들로 인해 성장해왔기 때문입니다. '만 권의 독서보다 만 리의 여행이 낫다'는 말도 그래서 생겨났을 것입니다.

그러나 우리가 경험할 수 있는 한계는 존재합니다. 그래서 특별한 경험을 한 이들에 대한 소문을 들으면 만나보고 싶고 귀동냥을 하고 싶습니다.

친구로부터 아주 귀한 체험을 한 분을 소개받았습니다. 그분 목소리로 당시 상황을 직접 듣고 싶어서 연락을 드렸습니다.

그분이 살고 계신 곳은 양평인데 경기도 안의 강원도라 불릴 만큼 한적한 시골입니다. 단골 매운탕집이 있다는 정보를 입수해서 일부러 점심 때에 맞추어 도착하였습니다.

초인종이 없길래 문밖에서 전화를 드렸습니다. 신호음이 가고 있는데 서둘러 나오셔서는 날도 궂은데 먼 길 왔다며 반가이 맞이해주셨습니다. 그러나 마당에서 눈치 없이 계속 짖던 개는 괜히 주인에게 발길로 한 대 맞았습니다. 좀 미안했습니다.

집안에 들어서며 주님의 축복을 빌었습니다. 한눈에도 소박한 세간살이여서 노부부가 오붓하게 사는 집임을 알 수 있었습니다. 오래된 집이라 배어 있는 쿰쿰한 메주 냄새마저 구수했습니다.
십자고상은 방안의 제일 좋은 자리에 모셔져 있고 벽에는 가족사진들이 가득했습니다. 평생을 농사지어 공부시킨 자식들을 도시로 내보냈고, 이제는 사진으로 그리움을 달래시는 듯했습니다. 자손들을 위해 얼마나 기도하시는지 굵은 두 초가 몽당연필처럼 닳았습니다.

시간이 시간인지라 일단 밥부터 먹자고 하셔서 금세 댁을 나섰습니다. 강을 따라 난 길을 굽이굽이 돌다보니 물가의 어느 한적한 곳에 매운탕집이 나타났습니다. 주인 아주머니가 어르신을 금방 알아보고는 전망 좋은 방을 내주었습니다. 단골은 역시 다르더군요.

방석을 깔고 앉으니 따뜻한 기운이 올라왔습니다.
잠시 후 들여온 큼지막한 냄비와 온갖 반찬들로 상 위가 풍성해졌습니다. 매운탕이 보글보글 끓는 소리마저 맛있었습니다.

"눈이 오는구먼."

반갑게도 눈이 내리기 시작했습니다. 첫눈입니다. 귀한 분을 뵙고 있는데 첫눈까지 만나다니... 참 복 받은 날이었습니다.

평생 농사를 지어온 어르신도 매운탕 먹기 딱 좋은 날이라며, 눈이 많이 온 이듬해에는 가뭄이 없어 풍년이 든다고 하셨습니다.

수저를 내려놓으시는 것을 기다려 어르신께 천국에 대해 여쭈었습니다. 하지만 벌써 오래 전 일이라며 그저 웃기만 하셨습니다. 그 얘기를 들으려고 진짜 돌아가시기 전에 여기까지 왔는데...

다행히도 할머님께서 우리 집 양반이 스물두 살 때의 일이라며 생생한 기억을 끄집어 내셨습니다.

"쇠도 소화시킨다는 20대의 남편이 이유도 모른 채 시름시름 앓기 시작했어요. 돈도 없지만 병원도 없던 시절이었지요. 단명하는 시댁의 내력이 있다 해도 그렇게 허망하게 갈 줄은 몰랐어요. 갓난아이를 등에 업은 채 홑이불을 끌어당겨 더 이상 숨을 쉬지 않는 남편을 덮어야 했어요. 앞으로 어떻게 살아가야 할지 캄캄했어요. 자, 이제부터는 당신께서 얘기해보세요."

그렇게 말문이 트이자 어르신께서 말을 이으셨습니다.

"두 갈래의 길이 나오는데 넓은 길과 좁은 길이었습니다. 좁은 길로 들어섰는데 길은 점점 넓어졌고 이내 큰 공터가 보였습니다. 아주 밝은 빛이 비치더라고요. 그리고 너무나 반갑게도 거기에서 돌아가신 부친을 뵀습니다. 그런데 아버님께서 왜 벌써 왔냐고 하시며 기왕 온 김에 이곳 구경이나 하고 가라셨습니다. 보는 곳마다 기가 막히게 좋아서 다시 돌아가고 싶지 않을 정도였습니다. 이제 갈 시간이라고 하시는데 다 둘러보지 못한 게 아쉬웠습니다. 하는 수 없이 돌아왔는데 내가 10시간 동안이나 죽어 있었다지 뭡니까."

그렇게 죽음을 경험한 어르신께는 커다란 변화가 생겼습니다. 그날 이후로 성당에 다니기 시작하신 겁니다. 교리를 배우면서 하늘에 이르는 문은 좁고 그 길도 비좁다고 들었는데 당신은 직접 봐서 딱 맞는 말씀이라고 하셨습니다. 그리고 건강해져서 팔순이 넘은 지금도 농사를 지으시고요.

사람은 누구나 죽는 것이 두려운데 그분은 이미 천국을 다녀와봤기 때문에 죽음은 두렵지 않다고 하셨습니다. 다만 거기에 다시 가지 못할까 그것이 걱정이라셨습니다.

제가 보기엔 평생을 농부로 착하게 사셨고 좁은 길을 걸어오셨으니 마지막 날 하느님께서 환히 손짓하실 것은 당연합니다.

더군다나 그 일이 있은 후로 낳은 아들은 하느님께 사제로 봉헌하셨는데 그가 바로 저의 동창신부입니다.[27]

귀한 체험을 간직하고 집으로 돌아오면서 생각했습니다.
'나도 죽음을, 마치 첫눈처럼 반갑게 맞이할 수 있으면 얼마나 좋을까?'[28]

---

27 미리내성지에서 사목 중인 지철현 신부입니다.
28 그 후로 천국을 경험한 다른 분을 만났는데 같은 말씀을 하셨습니다.
    죽음은 두렵지 않으나 다시 천국을 가지 못할까 두렵다고...
    우리도 연어가 회귀하듯 하늘나라로 안전하게 돌아가게 되기를 희망합니다.

손님

제가 있던 올버니성당은 100여 명의 신자 교민이 주일 미사에 오는 아담하고 평화로운 성당입니다.

그러나 2020년, 성당의 문을 닫아야만 했습니다.

불청객 코로나는 정말 달갑지 않은 손님이었습니다.

한국과는 달리 코로나에 걸리면 병원에도 갈 수가 없었습니다. 의사들이 진료를 거부했기 때문입니다. 숨이 차 계단을 오르지 못할 지경에 이르러야 응급실에라도 갈 수 있었습니다.

이 때문에 교민들은 어떻게든 한국으로 들어가려 했고 그럴 수 없는 사람들은 두려움에 문밖출입을 꺼렸습니다. 서로 조심하는 것을 너머 때로는 의심도 하였으니 사회적 거리는 2m였으나 심리적 거리는 2km가 넘었습니다.

그로 인해 저는... 아무도 오지 않는 성당에서 홀로 고립되어 살아야 했습니다. 평일에도 주일에도 성당은 마당까지 텅텅 비었고 그 즐거웠던 성탄 미사마저 홀로 지내야 했습니다.

감옥도 그런 감옥이 없었습니다. 외국에서 팬데믹을 경험한 신부들은 이러다가 성인 아니면 알코올 중독자가 될 것이라고 힘 빠진 농담을 했습니다.

2021년 3월이 되면서는 코로나가 조금씩 잠잠해졌고 성당문을 다시 열 날에 대한 기대가 자라났습니다.

그렇게 봄이 오던 어느 날, 우리 교우 스테파노 씨가 연락을 해왔습니다. '저녁 먹으러 오실 수 있냐고, 주혁이와 서진이가 신부님을 보고 싶어 한다고...'

지독하게 외로운 겨울을 보내던 저로서는 마다할 이유가 없었습니다. 첫영성체를 준비 중인 주혁이 때문에라도 단숨에 달려갔습니다.

가길 참 잘했습니다. 애들이랑 신나게 놀고, 맛난 음식도 먹으며 즐거운 시간을 보냈습니다. 아이들의 깔깔대는 웃음소리는 귀를 타고 들어와 영혼 안에서 메아리쳤고, 참으로 오랜만에 심장도 쿵쿵쿵 뛰었습니다.

반가운 누군가와 같이 밥을 먹는다는 것이 얼마나 소중한 일인지요. 교우집에서의 하루 저녁은 겨우내 메마르고 갈라진 마음을 깊숙이도 위로해주었습니다.

아... 행복한 시간은 왜 빨리 갈까요? 날은 금방 어두워졌고 즐거운 시간도 저물었습니다. 아쉽지만 작별 인사를 해야 했습니다. 성당이 다시 열려야 만날 수 있으니 이별이지요.

신발을 신는데 큰아이 주혁이가 아빠한테 뭐라고 뭐라고 귓속말을 했습니다. 근데 다 들렸습니다.

"아빠, 신부님한테 돈을 드려도 돼요?"

웃음이 났습니다. 녀석이 자기 방으로 달려가 들고 온 돈은 일 달러 한 장이었습니다. 아주 빳빳했습니다.

돌아오는 차 안에서 그 돈을 만지작거리며 웃음이 났습니다. 아마도 그 집 역시 겨울 동안 아무 손님이 없었을 겁니다. 녀석에게는 오랜만에 집에 와서 신나게 놀아준 제가 얼마나 반가웠겠습니까? 손님... 정말 고맙지요. 외로워 본 사람은 다 압니다.

외로움은 유혹이지만 고독은 초대입니다.

침묵만이 하느님의 말씀을 들을 수 있으므로 고요함 중에 홀로 머물러야 합니다. 그 고독 속에서 손님으로 오시는 주님을 만날 수 있으니까요.

움직이는 말에는 마부가 탈 수 없습니다.

손님 193

버팔로 리포트

총회장일을 오랜 시간 보았던 윤 회장님이 돌아가셨습니다.
가장 연세가 많은 루이사 할머니도 돌아가셨습니다.
올버니성당의 어르신들은 1970년대에 미국으로 이민을 가신 분들입니다. 국제결혼으로 가셨거나 일자리를 찾아 가난했던 한국을 떠나셨습니다.
당시에는 직항이 없어서 일본에 가서 알래스카를 경유한 다음 미국에 내리셨습니다. 그런데 그 긴 시간 비행기를 타는 동안 쫄쫄 굶으셨답니다. '멀미가 심하셨나? 언어 때문인가?'
그게 아니었습니다. 공짜인 기내식을 돈 내고 먹는 줄로 알고 못 잡수셨다는 겁니다. 돈을 빌려 비행기를 탔기 때문에 사 먹을 엄두를 못 내셨다네요.
그러니 미국에서 얼마나 억척스럽게 사셨겠어요? 일을 보통 두세 개씩 하신 거죠. 그것도 맞벌이로. 그러고는 돈을 벌어 제일 먼저 한 것이 비행기 빚부터 갚으셨다고 합니다.

재미있는 말이 있습니다. 중국 사람은 '너 살고 나 살자'고 하고, 일본 사람은 '너 죽고 나 살자'고 합니다. 하지만 한국 사람은 '너 죽고 나 죽자'고 합니다. 물론 진짜 같이 죽자는 말은 아니죠. 끝장을 보는 한국인의 맵고 독한 기질을 말하는 겁니다. 우리는 웃어넘기는 이 말을 외국인들은 절대로 이해하지 못합니다.

또한 미국에서 유대인더러 게으르고 미련하다고 말하는 사람은 한국인뿐이랍니다. 여기에다 절박함까지 더해졌으니 초창기 이민자들이 어떠한 삶을 사셨을지 충분히 짐작할 수 있습니다.

그런 이민자와 유학생이 모여 올버니한인성당이 시작되었습니다. 주일 미사를 위해 유학하는 신부님을 모시러 보스턴까지 여섯 시간을 운전하는 것도 기쁨인 시절이었습니다.

초창기에는 성당이 없어서 시에나대학의 경당에서 주일 미사를 드렸습니다. 그 대학이 프란치스코수도회에서 운영하기에 가능했습니다. 그러나 거기서 쫓겨났는데 그 이유가...

주일 미사 후 신자들이 점심을 먹는데 김치가 빠질 수 없지요. 그런데 월요일이 되어도 그 냄새가 빠지지 않아서 결국 미사 장소

를 다른 곳으로 옮겨야 했습니다. 남의 나라에서 사는 것도 고달픈데 김치도 눈치 보며 먹어야 하니 얼마나 속상하셨을까요.

물론 지금은 우리만의 성당에서 당당히 미사를 드리고 밥과 김치를 맘껏 먹습니다.

이제 초창기의 이민자들이 한 분 두 분 세상을 떠나가십니다. 그리고 더 이상 이민도, 유학도 예전처럼 가지 않습니다.

게다가 미국에서 태어난 아이들은 고등학교를 졸업하면 미국 사회 속으로 들어가기 때문에 더 이상 한인성당에 오지 않습니다. 그게 당연한 것이 그 아이들은 자신의 뿌리가 한국이기는 하지만 스스로를 미국인이라고 여기기 때문입니다.

그런 이유로 신자의 수가 감소하고 있습니다.

올버니성당만 해도 제가 처음 부임했을 때인 2016년과 한국으로 돌아온 2021년을 비교하면 거의 반으로 줄었습니다. 물론 코로나와 지역 경제의 쇠퇴가 영향을 미치기도 했지만 이미 대세는 누가 봐도 하락으로 기울었습니다.

올버니성당은 언제까지 유지될 수 있을까요?
그리고 이것이 과연 올버니성당만의 상황일까요?

올버니에서 가장 가까운 한인 성당은 남쪽으로 세 시간 떨어진 뉴저지, 동쪽으로 세 시간 떨어진 보스톤, 서쪽 버팔로까지는 다섯 시간을 가야합니다. 그나마 북쪽으로는 아예 없습니다.

언젠가 나이아가라 폭포로 유명한 버팔로한인성당을 방문했습니다. 주임 신부님은 청주교구에서 파견된 분입니다.
교구는 다르지만 외국에서 자취 생활을 하는 진한 동질감으로 말의 물꼬가 쉽게 터졌습니다. 버팔로성당 신부님은 그 신부님대로 저는 저대로 누구에게도 속 시원하게 풀어놓지 못했던 넋두리를 밤새도록 털어놓았습니다.
버팔로성당 신부님은 자신이 성당 문을 닫고 한국으로 돌아가야 한다고 했습니다. 주일 미사에 30명밖에 오지 않고 헌금은 100달러도 되지 않아 도저히 유지할 수가 없답니다.

미국 내의 한인성당이 150개 정도 되는데 그중 신자 수 500명 이내의 성당이 100개 가량입니다. 이미 유학생과 이민자가 현저히 감소했고 초창기 이민자의 노령화를 생각하면 자립이 불가능한 성당들이 속속 나오리라 쉽게 예상됩니다.
미국 성당의 상황은 더 절망적입니다. 제가 있던 올버니교구는 은퇴 신부님이 현역 신부님보다 더 많습니다. 그리고 은퇴도 80세 이전에는 하고 싶어도 못합니다.

미국에 와서 잡풀이 무성하고 유리창이 깨진 성당들을 봤을 때의 충격을 기억합니다. 저만 해도 한국에서 교우들과 죽을힘을 다해 성당을 지었습니다. 저 미국 성당도 어떤 신부가 교우들과 모든 걸 바쳐 지었을 텐데….

'○○○ 성당'이라는 간판이 부끄럽고 속상했습니다. 상황이 이렇다 보니 성당의 매각은 더 이상 어색한 일이 아닙니다. 교구의 재정을 위해서도 필요한 일일 테니까요.

저는 미국에서 만 5년을 지내고 돌아왔습니다. 코로나가 창궐했던 시기는 미국과 한국이 차이가 있는데 공교롭게도 저는 그 교차점에 귀국했습니다. 그래서 고스란히 코로나의 진통을 미국에서도 한국에서도 겪어야 했습니다.

게다가 삶의 속도가 엄청 느린 미국에서 가장 빠른 한국으로 돌아오니 적응이 힘들었습니다. 그리고 제가 없던 5년 동안의 변화, 특히 코로나가 바꿔놓은 상황은 이질감이 강했습니다.

배달, 이 말이 변화의 중심에 있었습니다. 통화도 필요 없습니다. 버튼만 몇 번 누르면 주문한 모든 것이 문 앞까지 오니까요. 배달로 상징될 수 있는 개인주의와 편리주의는 코로나와 함께 번졌습니다. 공동체 생활과 희생의 삶이 본질인 천주교로서는 너무나 치명적입니다.

이 코로나 시기는 신앙인 중의 누군가에게는 성당에 안 가도 되는 핑계가 되었고 누군가에게는 성당에 가야만 하는 이유가 되었습니다. 하지만 적지 않은 이들에게 의무로서의 주일미사는 사라진듯 보입니다.

그리고 이미 고령화된 한국 교회의 현실을 고려해볼 때 현재의 어르신들이 성당에 나오지 못하게 되면 문을 닫아야 하는 성당들이 생길 것입니다.

분명 새로운 위기는 이미 시작되었고 코로나가 그 시기를 상당히 앞당겼습니다. 교회의 앞날을 생각하며 저부터 복음대로 살 것을 다짐합니다.

미국에 다녀온 것이지 미래에 다녀온 것이 아니기를 바라면서 말입니다.

사는 이유

한국에 돌아온 저에게 페루박 신부가 양로원을 짓는 일에 관심을 가져달라고 했습니다. 새로 간 본당의 수녀님들이 양로원을 짓고 있다는 겁니다. 그 수녀님들도 페루 사람이 아니라 다른 나라에서 왔는데 현지의 열악한 사정을 보고는 일을 벌인 모양입니다. 하지만 돈이 부족해서 모이는 만큼씩만 공사를 하고 있다고 했습니다.

저야 당연히 함께한다고 했고 박 신부에 의하면 어느 교우도 돕겠다고 했답니다. 저야 그렇다 해도 코로나 시기에 내민 손을 선뜻 잡아주는 것은 쉬운 일이 아닙니다. 그러니 도와주겠다는 그 마음 씀씀이가 얼마나 고맙습니까?

그건 그렇고 해외 송금을 해보신 분은 아시겠지만 가난한 나라로의 송금은 그렇게 간단하지 않습니다. 은행에 직접 가야하고 제출해야 하는 정보도 있어서 안 해본 사람에게는 불편합니다. 그래서 돈을 페루로 보내는 역할은 제가 맡기로 했습니다.

그런 사연으로 뜻을 모으기로 한 그 '누군가'와 통화를 하게 되었습니다. 한 번 본 적도 없고 이름도 모르니 '누군가'이지요.

그분은 환율이 올랐다고 넉넉히 보내겠다고 했습니다.

이거 참! 비행기 유류할증료는 들어봤어도...

그게 바로 주일 아침이었고 성당에 가야 한다는 말로 통화를 마친 것까지 생생히 기억합니다.

그런데 그 다음 주일에 자매님의 빈소에 다녀왔습니다. 환갑도 안 지났고 지병도 없으며 교통사고도 아닌데 갑자기 떠나셨습니다.

선행을 같이한 인연으로 간 빈소에서야 처음으로 자매님의 얼굴을 보았습니다. 영정사진 속 웃고 있는 그분은 그냥 착한 아줌마였습니다.

빈소의 자녀들과 마주 절을 하고 페루의 박경환 신부님을 대신해서 왔다고 인사했습니다. 신을 신고 나가려는데 어떤 분이 저를 잡았습니다. 남편이라고 했습니다. 임종 전의 부인이 자기가 만일 잘못되면 찾아올 신부님이 있을 거라고 했다는 겁니다. 그래서 저를 기다리고 있었답니다.

눈물이 맺혔습니다. '내가 올 것을 알았다니... 이렇게 끝날 보통 인연은 아니겠구나' 하는 생각이 들었습니다. 어느 누가 목숨이 왔다갔다 하는데 빈소를 찾아 올 신부를 예견하겠습니까?

그분이 보낸 그 돈, 쓰일 곳이 단순한 양로원이 아닙니다.

페루 산골의 노인들, 특히 홀로 사는 분들은 가난 때문에 고통스럽고 쓸쓸한 죽음을 맞습니다. 그 어르신들이 천국을 준비할 거처를 짓는 겁니다.

그분은 본인의 운명을 알았을까요?
아니면 하느님은 그렇게 그의 죽음을 준비시킨 걸까요?
우리는 알 수 없고 알 길도 없습니다.

삶이 두려운 사람은 죽음을 택합니다.
삶이 두려운 건 힘들어서가 아닙니다.

저도 죽고 싶은 적이 있었는데 살아야 할 이유를 찾지 못해서 그랬습니다. 그래서 압니다. 아무리 힘들어도 살아야 할 이유를 알고만 있다면 살아집니다. 왜 사냐고 '질문'하면 분명히, 주저없이 말할 수 있는 '대답'이 있어야 합니다.

죽음과는 단 한 번 만나겠지만 자주 죽음을 생각해야 합니다. 그래야 살아가는 이유와 있어야 할 자리를, 그리고 살아야 할 자세를 분명히 알 수 있습니다. 그래야 후회와 미련 없이 살 수 있을 테니까요.

생명은 살라는 하느님의 명이니 우리는 그분의 명령대로 살아야 합니다. 섭리를 거스르지 않고 순명으로 살아갈 힘을 은총으로 구합니다.

너나 잘해![29]

하루는 교우들에 대한 불만이 잔뜩 쌓인 나머지 씩씩대며 빈 성당에 들어갔습니다. 정말 해도 해도 너무들 해서 분통이 터져버릴 것만 같았거든요. 십자고상 앞에서 한참 동안 누구는 이렇고 누구는 저렇다고 불평을 해댔습니다.

'난 더 했어'

마음속으로 스윽 지나간 소리였습니다. 신기하게도 웃음이 나기 시작했습니다. 방금 전까지만 해도 투덜거렸는데 말이죠. 한결 누그러지고 홀가분한 마음으로 성당에서 나올 수 있었습니다. 그 뒤로는 섣불리 교우들의 흉을 보지 않게 되더라고요.

옛 어른들은 귀한 딸이 시집 갈 때 이불을 선물로 딸려 보냈다고 합니다. 허물을 덮어달라는 의미였다고 하네요. 사랑은 허다한

---

29 이후의 글은 2022년 2월 수원교구 주보에 실린 복음 묵상입니다.

잘못을 덮어준다는 말씀처럼 말이죠(1베드로 4,8. 참조).

하지만 네잎클로버처럼 찾기 어려운 내 잘못에 비해 남의 흉은 왜 그리도 잘 뜨이는지요. 게다가 자꾸만 허물을 들추고 싶어집니다. 남의 허물에 관심이 많은 건 정작 자기 잘못에는 관심이 없기 때문인데 말이에요.

프란치스코 교황님께서 뒷담화만 하지 않아도 성인이 된다고 하셨다는데 속으로 뜨끔했습니다. 역시 아무나 성인이 되는 건 아니에요.

어쩌면 뒷담화만 하는 건 양반일 수도 있습니다. 인생은 장기판이 아닌데 이래라 저래라 훈수까지 두고 싶어 안달이니까요. 당사자가 도움을 원하는지는 묻지도 않습니다. 그렇게 조언이랍시고 한 말들에서는 자기과시의 의도가 감추어지지 않습니다.

한번은 친한 형 앞에서 사람들에 대한 비판을 주저리주저리 늘어놓았습니다. 당사자 앞에서는 찍소리도 못하면서 말이죠.

한참을 떠들어대는데 듣다 못한 그 형이 그랬습니다.

"너나 잘해!"

요강으로 물 마신 듯했습니다.

하지만 헛소리의 입막음으로는 딱! 이었습니다. 요즘도 남의 말 하고 싶어 입이 근질근질해지면 그 말을 떠올리곤 합니다.

누구나 고쳐지지 않는 단점이 있고 여전히 나를 짓누르는 무거운 과거를 안고 살죠. 하지만 빛은 빈틈으로 들어오고 은총은 죄를 통해 임한다는 것을 우리는 압니다.

그래서 '과거 없는 성인 없고, 미래 없는 죄인 없다'는 성 아우구스티노의 말이 큰 위로가 됩니다.

서로에게 필요한 것은 날 선 지적이 아니라 회개의 경험에서 우러난 격려라 믿습니다. 잘못하고 실패한 바로 그 자리에서 일어설 수 있도록 서로 돕고 살았으면 합니다.

어차피 우리의 인생은 패자부활전이니까요.

판단의 무게

「무상無常을 넘어서」라는 귀한 수상집을 남기신 김홍섭 바오로 판사(1915-1965)는 양심에 어긋나거나 소신에 맞지 않으면 목숨을 걸고서라도 뜻을 지킨 것으로 유명합니다.

목숨을 걸만한 소신이 생길 때까지 얼마나 깊이 고심하고 기도했을까요? 여전히 사람들이 그를 사도법관으로 기억하는 이유가 다 있는 거죠.

그런 그가 '나는 날개가 없는 사람, 실족의 화를 면하는 것만이 내가 할 수 있는 유일한 것'이라고 했습니다. 법관으로서는 물론 한 인간으로서의 신중하고 겸허한 자세에 더욱 존경심이 돋았습니다.

저는 숱하게 판단의 갈림길에 섭니다.

살까 말까? 할까 말까? 먹을까 말까?

그런가 하면 드물게는 10년의 미래를 결정해야 하는 상황에 놓이기도 했습니다. 그럴 때면 묵직해진 머리로 길을 떠났습니다.

그러고는 '좋은 생각은 걷는 발의 뒤꿈치에서 나온다'는 말마따나 걷고 또 걸었습니다. 그렇게 며칠을 걷노라면 깊고 단순해진 생각만이 남았습니다. 그래도 확신이 서지 않으면 죽음을 앞둔 나를 불러내 물었습니다.

'지금의 선택이 후회스럽지는 않았어?'

그리고 그의 대답은 저의 결정이 되었습니다.

하지만 수준 미달의 판단은 늘상 있었습니다. 그뿐인가요, 신부랍시고 의례 최종 결정을 내리고 그에 대한 순명을 당연히 여겨왔습니다. 정녕 그 결정들이 순명의 가치가 있었는지 되물으면 너무 너무 수치스럽고 죄송합니다.

삶의 햇수가 늘수록 얼음 낀 개울을 건너는 것처럼 주의하게 됩니다. 공허한 말, 섣부른 판단, 경솔한 행동의 누적으로 스스로 초라해진 까닭입니다. 인간 행동의 대부분은 습관에 달려 있는데 이 가벼움이 습관이 된 건 아닌지 걱정스럽습니다.

판단은 조심스럽고 하느님의 평판은 두렵습니다.

그러니 저 같은 사람은 물어야만 합니다. 몰라서 묻고 궁금해서 물으며 알아도 물어야 합니다. 나에게 물으면 성찰, 남에게 물으면 배움, 신에게 물으면 기도가 될 것이니까요.

그 물음들이 발을 헛딛지 않도록 해줄 것이라 믿습니다.

조건 있는 행복

얼마 전 신자석에서 주일 미사를 드릴 때의 일입니다.

제 뒤에 앉은 꼬마, 삐따닥하게 앉아서 휴대폰으로 게임을 하던 바로 고 녀석이 인내심의 한계에 다다랐는지 엄마에게 따지듯 물었습니다.

"엄마, 이거 언제 끝나?"

민망하고 부끄러웠습니다.

저는... 미사 끝나면 무엇을 먹을까 고민 중이었거든요.

본당 신부로 처음 나가서 소박한 꿈을 품었더랬죠.

'교우들이 콧노래를 부르며 성당에 오고 어깨를 들썩이며 집으로 돌아가기를...'

그리고 시간이 꽤 흐른 지금도 여전히 묻곤 합니다.

'오늘 성당에 온 교우들은 행복했을까?'

신자들의 일터이고 쉼터이며 하늘과 맞닿은 성당, 그곳에서의 미사에 오가는 길이 설레고 기쁘지 않다면 사제인 저의 책임이 큽니다. 신자에게는 주일 미사가 의무이기는 하지만 또한 권리이기 때문입니다.

신자도 나름대로 하느님의 축복이 채워지기를 기대하고 준비하셔야 합니다. 행복은 누구나 원하지만 공짜 행복은 없으니까요.

"인생은 원래가 꼬인 거예요. 그걸 푸는 게 제 몫이구요."

서로에게 복 받으라고 말하던 지난 설날, 스물두 살 가브리엘라가 저에게 말했습니다. 철학은 학교에서 배웠는데 철은 그 애한테 들었습니다.

그래요, 하늘은 스스로 돕는 자를 돕는다고 했으니 당연히 복을 받아서 누릴 자세와 태도가 필요합니다. 깡패에게 건강이, 사기꾼에게 지혜가 축복이라 말할 수는 없잖아요.

불쌍한 사람은 간혹 돕지만 노력하는 사람은 언제나 도와주고 싶습니다. 그러니 성의는 남이 아니라 나에게 보여야 합니다.

'공짜는 덫 위에 놓인 것밖에 없다'는 속담처럼 은총도 거저는 없습니다. 그러니 하느님 앞에서 사람은 성실해야 합니다.

어느 100세 할머니께서 하신 말씀입니다.

"주일 미사에 다섯 시간 걸어서 갔어요. 전날 저녁 이후 아무 것도 못 먹는 공복재 때문에 쫄쫄 굶고 새벽부터 걸었지요. 미사 보고 오는 길에 먹던 도시락이 생각나네요. 그 때 신부님들은 말 타고 다니셨는데... 자가용 있으시지요?"

사람 낚는 미끼

낚시에 빠져든 것은 피라미를 잡던 어릴 때부터였습니다. 학교에서 돌아오면 책가방을 던져놓고는 파리채부터 들었습니다.

파리 한 마리에 피라미 한 마리이니까요. 잽싸게 파리를 잡아 서둘러 개울로 달리던 시절을 생각하면 웃음이 납니다.

그렇게 시작한 낚시, 오랜 시간 친구들과 물나들이 갔고 낚시를 하면서 친구가 되었습니다. 고기는 못 잡아도 괜찮았습니다.

오가는 길에 먹던 음식과 나눈 얘기들이 소중한 추억으로 남아 있으니 누구와 낚시를 하느냐는 너무나 중요합니다.

고기를 잡는 것은 분명 낚시의 지극히 일부분일 뿐입니다.

요즘은 아이들에게 인생의 첫고기를 잡게 해주는 데 관심이 많습니다. 제가 낚는 것보다 더 즐겁습니다.

아이들이 낚시의 지루함 속에서 어떻게 재미를 발굴할 수 있을까만은 일단 한번 잡기만 하면 얘기가 달라집니다.

챔질에 성공해서 물고기의 퍼덕임이 낚시줄과 낚시대를 통해 팔로 전해지면 아이들의 눈은 커지고 웃음기는 가십니다. 그러고는 이 세상에 물고기와 자신만이 존재하는 듯 진지한 대결을 벌입니다. 그렇게 첫고기를 낚은 아이들의 얼굴은 희열로 가득 찼고 그 아이들에게서 어린 시절의 저를 보았습니다.

'인생의 어느 순간에는 반드시 낚시를 해야 할 때가 온다.'
낚시인이자 심리학자인 폴 퀴네트가 한 말입니다.
그러나 저는 그 말을 이렇게 이해합니다.
'사람은 누구나 인생을 걸고 하느님 앞에 서는 날이 온다.'
인생을 걸고 하느님 앞에 서는 날! 자기를 죽이려고 형 에사우가 달려오는 길목에서 야곱은 하느님을 붙잡고 늘어졌습니다.
그리고 그 날은 성경에서만이 아니라 인생에서도 존재합니다.

고통만이 열 수 있는 인생의 문이 있습니다. 중병의 위험, 경제적 위기 등 내 능력으로는 어떻게 할 수 없어 너무나 절박했던 그 날, 도와달라고가 아니라 살려달라고 해야 기도라는 것을 절감했습니다.

그리고 그 이후 내 삶에 개입하시어 생각하지 못한 방식으로 전혀 예상하지 못한 결과를 맺어주시는 하느님을 만났고 그분께 사로잡히곤 했습니다.

베드로는 뭍에서보다 물에서 오래 지낸 '진짜 어부'입니다. 하루는 젊은 예언자가 자기 배를 빌리고는 배 위에서 군중을 가르치셨습니다.

말씀을 마치신 그분은 베드로에게 깊은 데에 그물을 치라고 하셨습니다. 하필이면 밤새도록 고기를 못 잡은 곳입니다.

게다가 그분에게서는 물냄새가 나지 않았습니다.

영 못 미더웠지만 노를 저어 가 그물을 던졌습니다. 그런데 들어 올린 그물은 엄청난 물고기들로 찢어질 지경이었습니다.

이 일로 베드로는 예수님께 완전히 낚였는데 그것은 고기가 엄청나게 잡혀서가 아닙니다.

베드로 정도의 어부라면 예수님께서 물속 상황을 안 것이 아니라 물속 상황을 바꾸셨음을 생각했을 것입니다.

그런 베드로를 주님께서는 사람 낚는 어부로 이끄셨습니다.

만일 충주호에서 고기 잡는 저에게 주님께서 사람을 낚으라고 부르시면 이런 핑계를 대며 긁적일 듯합니다.

'저는 물고기도 잘 못 잡는걸요. 그리고 죄송하지만 요즘은 사람이 사람을 낚으면 신고해요.'

그래도 주님께서 껄껄대시며 '보이스 피싱을 말하는 게로구나. 그렇다면 너를 미끼로 쓰면 어떠하냐?'라고 하신다면...

그때는 뭐~ 어쩔 수 없지 않나 싶습니다.

끝맺으며

"이 신부, 미국 갔다 온 얘기를 책으로 내야지?"

교포 사목에서 돌아온 저에게 큰 주교님께서 하신 첫 말씀입니다. 저는 아니라고 했지만 마음의 저울추는 반대로 기울기 시작했습니다. 그리고 이렇게 책이 나왔습니다. 주교님의 자상한 칭찬과 격려 한마디가 신부들에게 미치는 용기와 위로가 얼마나 큰지요. 감사합니다, 주교님.

그나저나 재미나게들 읽으셨나요?

저는 손에 책을 들면 마음이 차분해지더라구요. 마치 기도하면 평온해지는 것처럼 말입니다.

이 책이 여러분에게 편안한 쉼이 되고, 하느님께는 작은 기쁨이 된다면 더 바랄 것이 없습니다.

글을 쓰면서 한 친구와 만났습니다.
자주 고민하고 혼자 울고 남몰래 삭히고 방황하던 녀석입니다.
제가 너무나 잘 아는 그 오랜 벗에게 말해주었습니다.
애썼다고, 괜찮다고, 그만하면 됐다고...
그는 '과거의 나'입니다.

글을 읽고 응원해주신 안영 선생님, 표지를 디자인해준 김용정 자매님, 함께 책을 만든 베드로와 루치아 부부, 그림과 사진을 실어준 새색시 신이나, 정재훈·김규빈·신원건·Marco 형제님에게 감사합니다.

표지 모델 루키야, 고마워.

IMPRIMATUR

Suwon, die 1 Mensis Decembris. 2022

+ Matthias I. H. RI

Episcopus Suwonensis

화장실에서 만난 추기경

지 은 이	이재웅 신부
출판허가	2022. 12. 1 천주교 수원교구장 이용훈 주교
초판 1쇄	2022. 12. 8
초판 2쇄	2023. 2. 24

펴 낸 곳	도서출판 비지아이
출판등록	제2-3315호
등록일자	2001. 04. 19
펴 낸 이	신익재
표지디자인	김용정
교정 진행	김옥선 문기덕
주 소	서울특별시 양천구 곰달래로 11길 42-1
전 화	Tel. 02-2285-2710 FAX. 02-2285-2714

ISBN 978-89-92360-65-4   가격 18,000원

Copyright ⓒ2022 by 이재웅